마시멜로 이야기에

열광하는 불행한 영혼들을 위하여

SUCCESS, STEPPING STONE TO GENUINE HAPPINESS

박성희 지음

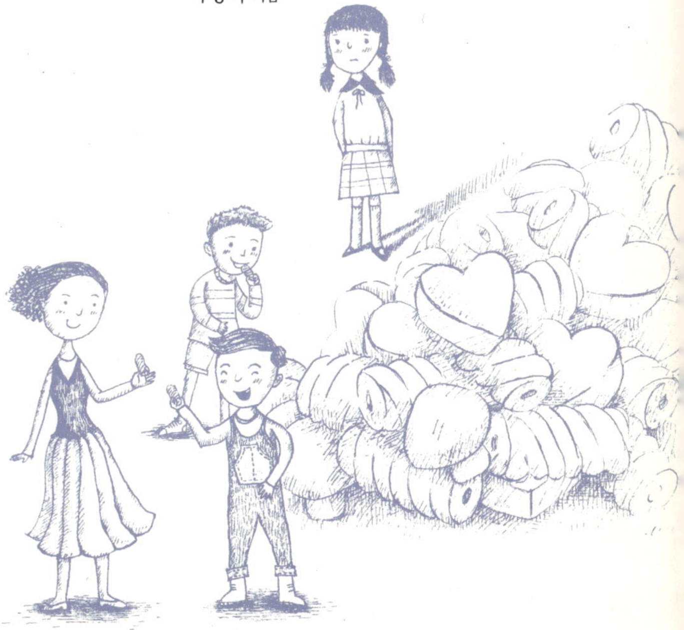

INNER BOOKS
이·너·북·스

들어가는 글

　　행복론에 관한 글들이 넘치는 세상에 또 하나의 글을 써 낸다고 생각하니 무척 쑥스럽다. 그럼에도 용기를 낸 이유는, 상담을 전공하는 나의 눈에 비친 세상이 참 이상하게 돌아간다고 느꼈기 때문이다. 감 놓고 배라고 하거나 팥을 심고 콩을 거두려 한다면 모두 멍청이라며 비웃을 텐데, 불행으로 가는 길을 행복으로 가는 길이라고 우기는데도 입 한 번 뻥긋하는 사람이 없기에 하는 말이다.

　　바야흐로 세상은 성공 시대다. 성공은 이제 우리 삶을 지배하는 시대정신으로 확고히 자리 잡았다. 삶의 목표가 성공에 맞추어져 있음은 물론이요, 사람들의 일상생활은 이 목표를 향해 활시위처럼 팽팽하게 당겨져 있다. 그리하여 사람들은 밤낮을 가리지 않고 성공을 향해 내달린다. '오늘도 성공하세요!' 라는 어느 유명 방송사 프로그램의 아침 인사말이 그냥 나온 게 아니다.

　　나도 성공하는 삶을 반대하지는 않는다. 아니, 나 역시 삶의 여러 분야에서 성공하고 싶은 마음이 굴뚝같다. 다만, 성공이 행복으로 이어지는 징검다리이기를 간절히 바랄 뿐이다. 성공을 했음에도 불행의 나락으로 떨어지는 허무한 성공이 아니라 정말 행복한 느낌을 오래 간직하게 해 주는 성공다운 성공을 하고 싶다. 우리 주변에 성공한 후 좌절을 겪는 사람들, 성공을 향해 가다가 인생을 비참하게 마무리하는 사람들이 얼마나 많은가! 잘못되어도 아주 크게 잘못된 현상이다. 성공이 정말 값진 것이라면 그것을 향한 우리의 삶에서 행복의 향기가 끊임없이 흘러나와야 한다.

안타깝게도, 성공으로 안내하는 많은 서적들이 우리를 행복의 길로 인도하지 못하는 게 현실이다. 아니, 행복의 차원에서 보면 그 많은 서적들은 일종의 사기극을 펼치고 있다. 〈마시멜로 이야기〉는 그중 하나에 불과하다. 필자는 이 책이 백만 부 이상 팔릴 정도로 많은 사람들에게 읽혔다는 사실과, 책 내용이 우리에게 너무나 익숙하고도 잘못된 이데올로기를 그대로 주입하고 있다는 사실에 주목하였다. 솔직히 말하면, 이 책을 읽으면서 아무런 걸림 없이 '공감한다'는 사실 자체가 심각한 문제다.

〈마시멜로 이야기에 열광하는 불행한 영혼들을 위하여〉에서는 성공을 포기하라는 말을 하지 않는다. 대신 성공과 행복을 동시에 거머쥐는 삶을 살라고 권하며 그 방법을 알려 준다. 필자 역시 마음껏 행복을 누리면서, 동시에 성공하는 삶을 살기 위해 노력하고 있다. 우리가 조금만 관심을 가지면, 성공과 누림이란 두 마리 토끼를 다 잡을 수 있는 행복한 길로 나아갈 수 있다는 확신도 있다.

행복은 아주 주관적이고 개별적 체험이라는 사실을 잘 알면서도 헛소리를 한 것 같지만, 이 글을 읽는 모든 독자들이 성공하시고 행복하시기를 두 손 모아 기도한다.

박 성 희

— 차례 —

 다섯 성공, 그 화려한 날갯짓을 위하여 「마음 붙들기」 95

넷 소유냐 누림이냐 73

 셋 욕구, 그 신비의 세계 51

 둘 성공 신화의 함정 31

하나 부실한 연구, 과장된 해석, 왜곡된 결론 07

여덟 운전사도 행복한 성공을 할 수 있다
175

일곱 행복한 성공을 위하여!
151

여섯 성공, 그 화려한 날갯짓을 위하여 「마음 놓기」
121

하나

부실한 연구, 과장된 해석, 왜곡된 결론

오늘의 하나는 내일의 두 개에 버금간다.
- 벤저민 프랭클린 -

부실한 연구, 과장된 해석, 왜곡된 결론

『마시멜로 이야기』는 스탠포드 대학 심리학과에서 실시한 한 실험에서 시작된다. 아주 어린아이들을 대상으로, 15분만 참으면 마시멜로 한 개를 더 먹을 수 있다는 조건을 내세워 얼마나 자기 욕망을 억누르고 참을 수 있는지를 알아본 실험이다. 연구 결과, 마시멜로 한 개를 더 얻기 위하여 만족을 지연시킨 아이들은 그렇지 못한 아이들에 비해 나중에 학업성적이 뛰어나고, 친구들과의 관계도 좋으며 스트레스를 훨씬 더 효과적으로 관리하고 있음이 밝혀졌다. 그리하여 눈앞의 마시멜로에 만족한 아이보다는 한순간의 유혹을 참고 기다렸던 아이들이 '성공적으로 성장한다'는, 귀가 솔깃해질 만한 결론이 이 책의 주제이다.

이러한 성공 신화의 왜곡된 점을 지적하기 전에 먼저 이 실험 연구 자체의 문제점과 그에 대한 과장된 해석을 따져 보고자 한다(필자는 이 연구물을 찾으려고 하였으나 결국 찾지 못하였다. 따라서 만족 지연에 관한 스탠포드 대학의 다른 연구들을 바탕으로, 사회과학 연구방법에 익숙한 사회과학도로서 아주 간단하게 『마시멜로 이야기』에 실린 연구의 문제점에 대해 지적하고자 한다).

이 연구는 아이들을 한 번 실험한 데서 그치지 않고 오랜 세월 이들을 추적하여 수집한 자료를 분석한 연구로서 전문 용어로는 종단 연구라고 한다. 종단 연구는 세월이 오래 걸릴 뿐 아니라 그 비용도 만만치 않아서 연구자들이 쉽사리 엄두를 내지 못한다. 이런 점에서 이 연구의 가치는 높이 평가받아 마땅하지만 몇 군데에서 결정적인 실수가 보인다.

첫째, 처음 600명으로 시작한 이 연구에서 최종 결론을 내리기 위해 자료를 수집할 수 있었던 사례 수는 200명에 불과했다. 그러니까 연구 대상 전체의 2/3를 배제한 채 나머지 1/3만으로 결론을 내리고 있다. 이는 연구 결과에 대한 신뢰성에 근본적으로 의문이 가는 부분이다. 둘째, 1970년대 이후 스탠포드 대학에서 탐구된 '만족 지연에 관한 연구'들은 만족 지연에 아주 여러 가지 변수가 맞물려 작용하고 있다는 사실을 밝혀내고 있다. 따라서 '만족 지연 여부'에만 초점을 맞추어 학업성적, 친구관계, 스트레스, 성공적 성장 등을 설명하는 것은 사태를 지나치게 단순화하는 어리석은 짓이다. 『마시멜로 이야기』에서 인용한 연구가 1960년대 즈음 수행된 이 분야의 초기 연구라는 점을 고려해야겠지만, 아무래도 이 부분에서 이 책의 저자가 연구 결과를 자기 마음대로 단순하게 몰고 갔을 가능성이 높다. 셋째, 실험실 연구 결과가 자연 상황에 그대로 적용될 수 있는가도 문제다. 이는 사회과학에서 실험 연구가 갖고 있는 근본적인 문제이므로 더 이상 말하지 않겠다.

아울러 연구 결과에 대한 『마시멜로 이야기』 저자의 과장과 왜곡도 문제다. 『마시멜로 이야기』에 인용된 연구는 실험 연구와 조사 연구가 섞인 종단 연구라고 말할 수 있다. 그러니까 처음 연구에서는 실험을 통해 만족을 지연하는 집단과 욕구를 즉각 충족하는 집단을 확인하였을 것이고, 약 10여 년 세월이 지난 후의 두 번째 연구에서는 처음 연구에 참여했던 아이들 1/3의 학업성적, 친구관계, 스트레스 점수 등을 조사한 자료를 얻었을 것이다. 그리고 나서 처음 실험 연구에서 확인한 두 집단으로 나누어 두 집단 사이의 학업성적, 친구관계, 스트레스 점수에서 어떤 차이가 나타나는지 통계 분석을 했을 것이다. 그러나 이렇게 해서 얻은 결론은 원래 원인과 결과로 묶을 수 있는 것이 아니다. 단지, 두 집단에 통계적으로 의미 있는 차이나 관계가 있을 수 있다는 개연성을 밝혀 주는 게 고작이다. 다시 말하면, 만족을 지연시킨 아이들이 그

결과만을 놓고 '만족 지연을 잘 하면 학업성적이 높아지고,
친구관계가 좋아지며, 스트레스를 잘 다룬다'고
인과적인 결론을 내리는 것은 아주 잘못된 일이다.

렇지 않은 아이들에 비해 학업성적, 친구관계, 스트레스 등 몇 가지 기준에서 보다 긍정적인 평균 점수를 받았다는 사실을 보여 줄 따름이다. 따라서 이 결과만을 놓고 '만족 지연을 잘 하면 학업성적이 높아지고, 친구관계가 좋아지며, 스트레스를 잘 다룬다'고 인과적인 결론을 내리는 것은 아주 잘못된 일이다. 통계를 잘 몰라서 그런지 『마시멜로 이야기』의 저자는 이 부분을 '원인과 결과'로 해석해서 과장, 왜곡하고 있다.

『마시멜로 이야기』에서 인용하고 있는 스탠포드 대학의 만족 지연 실험은 일종의 초기 연구로서 여러 가지 부실한 점이 많은 연구이다(사실 마시멜로를 이용한 만족 지연 연구가 있기는 하지만 이 책의 저자가 인용한 이런 연구가 정말 있는지는 의심스럽다. 물론 이 책이 소설이긴 하지만 말이다). 이 부실한 실험 연구에다 저자의 과장된 해석까지 덧붙여 저술된 『마시멜로 이야기』가 잘못된 경영지침서이며, 더불어 왜곡된 성공 신화를 전파하고 있다는 점은 두말할 필요도 없다.

그럼에도 대중은 왜 이 책에 열광할까? 그 이유는 바로 굉장히 크게 성공한 사람이 쉽게 알아들을 수 있는 익숙한 말로 성공 비결을 가르쳐 준다고 믿기 때문이다. 그런데 그 성공 비결이라는 내용은 이미 우리가 너무나 잘 알고 있는 것들이다. '성공하려면 만족을 지연시키고 참을 줄 알아야 한다.' 이 얼마나 분명한 말인가? 그리고 우리에게 얼마나 익숙한 말인가? 우리는 어릴 적부터 '인내하면 성공한다, 아니 성공하려면 인내해야 한다'는 말을 귀가 닳도록 들어 왔다. '인내는 쓰다. 그러나 열매는 달다', '인내는 성공의 어머니'라는 격언 또한 말을 배울 때부터 익히 들어 왔다. 그리하여 웬만한 불편함이나 어려움을 참고 버티는 데는 이골이 나 있다. 그렇다면 이 책이 백만 부 이상 팔린 베스트셀러가 된 데는 분명 다른 이유가 있음에 틀림없다. 사람들의 이목을 끄는 유명인이 번역을 했다든가 마케팅이 훌륭했다는 사실 이외에 무언가 사람들을 끌어들이는 강한 마력이 있어야 한다는 말이다.

필자는 이 강한 마력을 '만족 지연' 또는 '욕구 충족을 미룰 줄 아는 의지'라는 어구와 그 결과 얻게 되는 보상의 크기를 두드러지게 부각시킨 데서 찾고 싶다. 여기서 '인내한다'와 '참는다'란 단지 설정한 목표를 달성하려는 과정에서 부딪히는 어려움을 버티고 이겨 낸다는 뜻이 아니다. 대신 '지금 만족시키고픈 욕구가 일어나지만 더 큰 보상을 얻기 위해 욕구 충족을 뒤로 미룬다'는 뜻으로 쓰이고 있다. 그러니까 '지금 여기'에서 일어나는 욕구들을 충족시키는 순간적인 삶을 살지 말고, 보다 풍요로운 앞날을 살기 위해서 그 욕구 충족을 뒤로 미뤄 두라는 말이다. 그렇게 하면 그 욕구를 수백 배에서 수십만 배까지 확대 내지 재생산할 수 있다는 것이다. 바로 여기, 즉 욕구 충족을 지연하면 나중에 수백, 수십만 배까지 그 욕구를 뻥튀기해서 충족시킬 수 있다는 데에 사람들의 시선이 멈춘 것 같다. 정말 그럴듯한 유혹이 아닐 수 없다. 15분만 참으면 마시멜로를 하나 더 얻을 수 있듯이, 중고교 시절 6년 동안 한눈팔지 않고 공부에 열중

하나 부실한 연구, 과장된 해석, 왜곡된 결론

하면 남이 우러러 보는 좋은 대학에 갈 수 있고, 대학 4년 동안 꾹 참고 고시 공부에 몰두하면 미인 아내를 얻거나 좋은 신랑감을 남편으로 맞이할 뿐 아니라 평생 부귀영화를 거머쥘 수 있다는데, 감히 거부하기란 정말 힘들다. 이에 따라 이들이 내리는 결론은 아주 간단하다.

"이제 내다보며 준비하는 삶을 살자. 지금 여기에서 순간적인 만족을 추구하는 대신 참고 견디며 희망찬 앞날을 바라보자. 목표를 뚜렷하게 세우고 잘 참기만 하면 눈부신 '성공'이 보장되는 마당에 만족을 지연시키며 참는 것이 뭐 그리 대수일까. 만족을 지연시키는 법을 알면 남의 뒤나 닦는 가난한 운전사가 아니라 수십억을 가진 재벌로 성장한다는데 못할 일이 어디 있겠는가? 자, 이제부터 내면에서 올라오는 욕구들을 잘 달래어 충족을 뒤로 미루고 대신 화려한 앞날을 준비하는 삶을 살자."

혹시 자식을 키우는 부모라면 자녀교육의 방향도 매우 분명해진다.

"멋진 성공을 이루어 화려하게 살 수 있도록, 아이들에게 만족을 지연시키고 목표에 매진하는 태도를 키워 줘야지. 지금 눈앞에 있는 자잘한 것들에 시간과 정력을 빼앗기지 않고, 앞날을 위해 철저하게 자기 관리를 하며 공부에 열중하도록 이끌어 줘야지. 애들이 잠시 저항하고 대들기도 하겠지만 훗날 성공한 후엔 엄마의 교육방침과 철학에 감사할 거야. 자, 아이들이 흐트러지지 않았는지 살펴봐야겠다."

현재를 누리는 삶이 아니라 미래를 준비하는 삶은 그 나름대로 의미가 있다. 더구나 '성공'이 현재 삶에 있지 않고 미래에 성취되어야 할 목표일 때는 더 말할 나위가 없다. 하지만 미래의 성공을 위해서 현재의 만족을 지연하는 삶이 순조롭게 계획대로 살아질지 한번 따져 볼 필요가 있다. 우리의 삶은 몇몇 고정 변수에 의해 설명 가능한 수학 공식처럼 그리 단순하지가 않다. 사람은 유기체라는 말이 있다. 이는 사람을 구성하는 여러 요소들이 유기적으로 연관되어 있

미래의 성공을 위해서 현재의 만족을 지연하는 삶이
순조롭게 계획대로 살아질지 한번 따져 볼 필요가 있다.

고 함께 작용한다는 뜻이다. 다시 말해, 어느 한 요소의 변화는 복합적인 상호작용을 통해 관련된 모든 요소들에 변화를 일으킨다. 배가 고플 때 음식을 먹지 말고 참아 보라. 참는 시간이 경과할수록 몸은 말할 것도 없고, 마음과 영혼에까지 변화가 일어나기 시작한다. 하늘이 노래지더니 친구 얼굴이 호떡으로 변하고 점차 먹을 것을 향해 본능적으로 움직이는 짐승으로 변해 버린다. 이렇게 배고픔은 단지 육체적 현상일 뿐 아니라 존재의 모든 곳에 영향을 준다. 배고픔뿐만이 아니다. 우리를 구성하는 모든 요소들이 이렇게 서로 뒤엉켜 작용한다. 그러므로 욕구 충족을 지연시키는 문제를 그렇게 단순히 생각해서는 안 된다. 욕구는 미뤄 두었다가 나중에 몇 배로 충족시킬 수 있는 것이 아니다. 제때에 만족시켜 주지 않으면 이상하게 변질되거나 무언가 괴상스러운 짓을 하도록 만들기 때문이다.

만족을 지연할 때 생기는 문제를 다른 각도에서 살펴볼 수도 있다. 만족을 지연하는 동안 우리는 그 욕구로부터 자유로워지기는커녕 도리어 그 욕구에 사로잡히게 된다. 마시멜로를 한 개 더 얻어먹기 위하여 15분간 참기로 결심한 『마시멜로 이야기』의 주인공 조나단은 그 15분 동안 어떻게 하고 있었을까?

"난 먹지 않았다네. 하지만 계속해서 마시멜로를 만지작거렸지. 마시멜로를 혀로 핥아 보기까지 했다네. 그 맛있는 걸 눈앞에 두고 참자니, 정말이지 죽을 맛이더군. 노래를 부르며 방안을 뛰어다니기도 하고, 마시멜로가 놓인 탁자를 등진 채 눈을 감고 하나, 둘, 셋 숫자를 헤아리기도 하면서 나름대로 최선을 다해 마시멜로를 외면하고자 애썼지. 하하, 내 생애에 그렇게 긴 기다림의 시간이 또 있었을까."

조나단은 마시멜로가 아주 맛이 좋다는 사실을 잘 알기 때문에 그 만족을 더 길게 누리기 위하여 15분을 참아 내기로 결심했을 것이다. 맛있는 마시멜로를 먹는 상상, 그것도 한 개가 아니라 두 개나 먹는 상상에 조나단은 15분이 아깝지 않다. 아마 그 15분 동안 이 즐거운 상상에 사로잡혀서 다른 생각을 할 겨를이

"난 먹지 않았다네.
하지만 계속해서 마시멜로를 만지작거렸지.
마시멜로를 혀로 핥아 보기까지 했다네.
그 맛있는 걸 눈앞에 두고 참자니,
정말이지 죽을 맛이더군."

하나 **부실한 연구, 과장된 해석, 왜곡된 결론**

없었을 것이다. 마시멜로 한 개를 먼저 받아먹은 다른 아이들은 이미 마시멜로 따위는 깨끗이 잊고 저쪽에서 블록 쌓기에 빠져 재미있게 놀고 있는데, 조나단은 마시멜로 생각 때문에 도무지 다른 놀이가 시들하기만 하다. 얼른 15분이 지나서 마시멜로를 받아먹을 생각뿐이다.

그렇다면 이 15분 동안 누가 더 행복하게 보냈다고 할 수 있을까? 마시멜로에 사로잡힌 조나단일까, 아니면 새로운 놀이거리에 빠져 들어간 다른 아이들일까? 우리는 사람의 마음이 그릇 같다는 말을 한다. 이는 그릇처럼 무언가를 담는다는 뜻이다. 이 그릇이 자기 역할을 제대로 하려면 비어 있어야 한다. 무엇인가로 채워진 그릇은 새로운 내용물을 받아들이기 어렵다. 사람의 마음도 마찬가지이다. 마음에 무엇인가 꽉 들어차 있으면 새로운 관심거리가 들어올 자리가 없어지므로, 새로운 경험을 하며 성장할 기회도 놓쳐 버린다. 조나단은 마시멜로를 하나 더 먹겠다는 목표를 달성했지만, 그 대신 15분간 새로운 활동에 몰입할

조나단은 마시멜로를 하나 더 먹겠다는 목표를 달성했지만
그 대신 15분간 새로운 활동에 몰입할 기회는
스스로 내던진 셈이다. 그런데 목표에 따라
이 15분이 15일, 150일, 15년, 50년으로
연장된다면 여러분은 어떻게 하겠는가?

하나 **부실한 연구, 과장된 해석, 왜곡된 결론**

기회는 스스로 내던진 셈이다. 그런데 목표에 따라 이 15분이 15일, 150일, 15년, 50년으로 연장된다면 여러분은 어떻게 하겠는가?

여기까지 읽은 독자라면 필자의 의도를 알아차렸을 법하다. '성공'이 아무리 중요해도 행복한 삶을 위하여 욕구 만족을 함부로 지연하는 일은 삼가야 한다는 주장이다. 물론 '성공'을 위하여 자기 절제를 하면서 욕구를 잘 다스리는 일은 매우 중요하다. 하지만 '성공'을 지나치게 앞세워 현재 누릴 수 있는 삶을 놓치고 만다면 너무나 안타까운 일일 것이다. 그렇다고 오해는 하지 말길 바란다. 필자는 독자 여러분에게 '성공'을 포기하라는 말을 하려는 것이 아니다. 대신 '성공'과 '행복'을 동시에 거머쥐는 삶을 살라고 권하고 싶다. 사실 필자 역시 마음껏 누리고 살면서 자연스럽게 성공하는 그런 삶을 살기 위해 노력하고 있다. 그리고 조금만 관심을 가지면 '성공'과 '누림'이란 두 마리 토끼를 다 잡으며 살 수 있는 행복한 길이 있다는 확신도 있다.

옛날부터 우리 어른들은 '욕심을 버리고 마음을 비우는' 삶을 지나치게 강조했다. 그리하여 속세에서의 성공은 덧없는 것이요, 무소유의 삶이 가치 있다는 이데올로기로 우리를 설득해 왔다. '성공'보다는 '누림'에 치우친 것이라 할 수 있다. 그런데 이제 시대를 지배하는 이데올로기가 바뀌어, 자본주의를 밑바탕으로 한 민주사회에서는 '성공'이 다른 모든 가치에 우선하는 자리를 차지하게 되었다. 부, 명예, 권력, 지식, 사랑 등 '성공'의 내용은 사람에 따라 다르지만, 사람들은 일단 '성공'한 사람의 대열에 들기 위하여 악다구니를 친다. 성공 비법을 가르치는 책들이 베스트셀러가 되는 작금의 상황이 이를 잘 말해 준다. 『마시멜로 이야기』는 그중 대표적인 경우이다.

필자가 보기에는 지나치게 '누림'만을 추구하는 삶도 문제가 있고 지나치게 '성공'만을 추구하는 삶도 문제가 있다. 누림은 깊은데 아무것도 가지지 않은 도인, 성공은 했는데 도무지 누릴 줄 모르는 사람은 모두 이 시대에 어울리지 않는다. 현대에서 가장 바람

자본주의를 밑바탕으로 한 민주 사회에서는
'성공'이 다른 모든 가치에 우선하는
자리를 차지하게 되었다.
사람들은 일단 '성공'한 사람의 대열에
들기 위하여 악다구니를 친다.

직한 삶은 성공하면서 누리는 것, 누리고 살면서 성공하는 것이다. 하지만 이런 삶은 결코 저절로 이루어지지 않는다. 사람과 삶에 대한 깊은 통찰을 바탕으로 쉬운 곳에서부터 하나씩 연습해 들어갈 때, 비로소 성공과 누림이 조화를 이룬 행복한 삶을 살 자격을 갖추게 될 것이다.

『마시멜로 이야기』 때문에 이 글을 쓰게 되었지만 이 책의 궁극적 목표는 행복하게 성공하고픈 사람들을 도우려는 데 있다. 그 목표가 얼마나 달성될는지 모르지만 목표를 향하여 힘찬 항해를 시작하자. 아울러 독자들이 쉽게 접하고 읽기 편하도록 가능한 한 짧고 간단하게 쓰려고 애썼다는 점을 인정해 주시길 바란다.

하나 부실한 연구, 과장된 해석, 왜곡된 결론

사람과 삶에 대한 깊은 통찰을 바탕으로 쉬운 곳에서부터
하나씩 연습해 들어갈 때, 비로소 성공과 누림이 조화를 이룬
행복한 삶을 살 자격을 갖추게 될 것이다.

둘

성공 신화의 함정

사람들은 자기가 행복하기를 바라는 것보다
남에게 행복한 모습을 보이기 위해 더 애를 쓴다.

- 라 로슈프코 -

성공 신화의 함정

'성공'은 이제 우리 시대의 신화가 되었다. 무슨 짓을 하든 어떤 수단을 쓰든 일단 성공해야 한다는 무조건적 신념이 사회 전반에 펼쳐져 있다. 다들 '성공이 아니면 죽음을!'이라는 구호를 외치며 사는 것 같다. 그러다 보니 별별 일이 다 생긴다.

권력의 노예가 되어 사람들의 생명을 개미 취급하며 마구 죽음으로 몰아넣었던 정치가들, 거짓과 부패로 재벌의 성을 쌓으면서 세계가 좁다고 큰소리치

'성공'은 이제 우리 시대의 신화가 되었다.
무슨 짓을 하든 어떤 수단을 쓰든
일단 성공해야 한다는 무조건적 신념이
사회 전반에 펼쳐져 있다.

둘 성공 신화의 함정

며 돌아다니던 기업가들, 헛된 명예와 돈에 눈이 뒤집혀 세계를 우롱하며 사기극을 펼치던 일군의 학자들, 중앙 매스컴과 무대에 서기 위하여 몸 파는 일을 대수롭지 않게 여기던 일부 연예인들, 오로지 많이 갖는 것에 목숨을 걸며 부동산을 사고 사고 또 사는 부동산 부자들……

아마도 이들은 한때 자신이 '성공'했다고 생각했을 것이다. 그리고 그 성공을 위하여 나름대로 치열한 삶을 살아왔다고 자부할 것이다. 이들은 지금도 그 부분에 대해 할 말이 많으리라. 하기야 성공이라는 목표를 향해 자신이 가진 모든 것을 쏟아 붓던 이들의 모습에서 게으름은 찾아보기 어렵다. 오히려 너무 열심히 살아온 게 탈이다. 이들은 성공이라는 신화의 함정에 빠져 인생의 모든 것을 여기에 내던진 사람들이다.

우리는 왜 성공하려고 할까? 여러 가지 이유를 댈 수 있겠지만 '행복하기 위해서'라고 말하면 대부분 고개를 끄덕인다. 이게 사실이라면, 행복으로 이끌지 못하는 성공은 의미가 없다. 성공을 했는데 행복하지 않다거나 성공을 했는데 오히려 불행하다면 이건 뭔가 잘못되어도 크게 잘못된 것이다. 그게 무엇이든 성공하려면 하고 싶은 일을 참으면서 엄청난 시간과 에너지를 쏟아 부어야 하는데, 그렇게 힘들여 얻은 성공으로 인해 행복하지 못한다면 참 많은 낭비를 한 셈이다. 그러니까 성공하려고 하는 사람은 잘 따져 볼 필요가 있다. '내가 이 분야에서 성공한다는 것은 어떤 의미가 있을까?', '이 일에 성공하면 나는 정말 행복할까?'라는 질문들을 던지면서 자신이 추구하는 성공이 행복한 삶으로 이끌어 주는지 잘 살펴볼 일이다. 조금 당겨 말하자면, 성공의 길에 제대로 들어선 사람은 이미 그 과정에서 행복을 맛보고 누릴 것이며, 이렇게 시작된 행복감은 성공하여 절정에 이른 후에도 오래오래 지속될 것이다.

행복. 그렇다면 행복은 무엇인가? 성공의 목표 또는 인생의 목표라 할 수 있는 행복은 도대체 무엇을 말하는가? 사전에서는 행복을 '복된 좋은 운수' 또는

'욕구가 충족되어 충분한 만족과 기쁨을 느끼는 상태'라고 정의하고 있는데, 이 중 두 번째 정의는 행복하게 되는 조건과 결과를 모두 포함하고 있다. '욕구가 충족되어'는 조건이요, '충분한 만족과 기쁨을 느끼는 상태'는 결과다. 여기서 우리는 행복이 개인의 욕구와 느낌이라는 심리적 상태와 밀접한 연관이 있음을 알 수 있다. 그러니까 행복해지려면 먼저 마음에 성취하려는 욕구가 있어야 하고, 또 그 욕구를 충족시켰을 때 기분 좋은 느낌이 있어야 한다. 결국 욕구와 느낌 속에 행복에 젖을 수 있는 비결이 숨어 있다.

행복에 젖게 하는 두 가지 요소에 대해 조금 더 탐색해 보자.

먼저 '욕구'를 살펴보자. 행복의 조건에는 분명하게 '욕구의 충족'이라고 명시되어 있다. 욕구 충족을 지연시키는 게 아니라 욕구를 충족시킬 때 행복이 뒤따른다는 것이다. 예를 들어 배가 고파서 음식을 먹고픈 욕구가 솟는 경우, 행복한 느낌은 이를 참을 때 오는 것이 아니라 음식을 챙겨 먹을 때 온다. 음식을 먹지 않으면 먹고 싶은 욕구가 점점 더 커지고 그에 비례해서 행복하지 못하다는 느낌 역시 커진다. 그러므로 욕구 충족을 지연시키면 행복에 이르기는커녕 도리어 행복으로부터 멀리 떨어진다. 사실 아주 상식적인 이야기다.

그런데 어떤 사람은 이렇게 주장할 수도 있다. '음식을 먹고픈 욕구를 조금 더 참다가 충족시키면 그만큼 더 짜릿한 행복을 느낄 수 있다. 그러므로 보다 강렬한 행복을 맛보려면 솟아오르는 욕구를 즉시 만족시키지 말고 참을 수 있을 때까지 기다리는 게 좋다. 게다가 이렇게 만족을 지연시킨 후에 보상까지 기다리고 있다면 더 말할 필요가 없다.' 『마시멜로 이야기』의 저자는 바로 이런 식으로 욕구 만족 지연을 찬양하고 있다.

이런 주장은 한편으로 그럴듯한 구석이 있으니 여기 속아 넘어가는 것도 무리가 아니다. 하지만 냉정하게 따져 보자. 욕구가 솟는데 이를 참고 있는 상태는 불행한 상태다. 만일 어떤 사람이 욕구 충족을 지

배가 고파서 음식을 먹고픈 욕구가 솟는 경우,
행복한 느낌은 이를 참을 때 오는 것이 아니라 음식을
챙겨 먹을 때 온다. 음식을 먹지 않으면
먹고 싶은 욕구가 점점 더 커지고 그에 비례해서
행복하지 못하다는 느낌 역시 커진다.

연시키고 30분 동안 참고 있다면 그는 30분 동안 불행한 상태에 놓인 셈이 된다. 이렇게 참다가 음식을 먹는다면, 분명 30분 전 음식 먹을 때에 비해 순간적인 행복감은 커질 것이다. 그렇다면 30분 동안 지속된 불행감과 30분 후 짧게 느낀 행복감을 비교할 때 어느 쪽이 더 우세할까? 욕구가 솟아오르던 30분 전에 그냥 음식을 먹었다면 불행감은 아예 느끼지도 않았을 것 아닌가? 다른 것 다 집어치우고 시간 계산만 해 봐도 결론은 뻔하다.

여기에 더해 욕구 충족을 지연시키는 생활 태도에는 또 하나 심각한 문제가 있다. 사실 욕구 충족을 지연시키는 행위란 자신에게 고통을 가하는 일종의 자기처벌적인 행동이다. 우리가 잘 아는 마조히스틱한(masochistic) 행동이 바로 이것이다. 살다가 어쩔 수 없이 만나는 고통이야 감수해야겠지만, 더 많은 행복을 느끼기 위해서 스스로 고통을 불러들이는 행동은 아주 이상한 일이다. 심리적으로 뒤틀린 사람이 아니라면 이런 짓을 자발적으로 할 리가 없다. 이렇게 말하면 또 다음과 같이 말하면서 반발하는 사람이 있을 것이다.

"욕구를 무시하자는 것도 아니고 성공이라는 목표를 위해서 잠시 욕구 충족을 지연시키자는데 뭐 그렇게 호들갑을 떠나? 성공한 사람치고 하고 싶은 일 다 하면서 사는 거 봤나?"

그에 대한 나의 답변은 이러할 것이다.

"글쎄, 그러니까 행복하게 성공한 사람이 적지. 성공하는 것, 목표를 달성하는 것과 솟아오르는 욕구를 충족시키며 행복하게 사는 일이 전혀 모순되지 않음을 모르니까 그런 소리를 하는 거야."

사람의 욕구, 이 복잡한 문제에 대해서는 절을 달리하여 좀 더 자세히 살피도록 하자.

이제 행복에 젖게 하는 두 번째 요소 '느낌'에 집중해 보자. 행복은 결국 행복감, 다시 말해 '만족과 기쁨' 또는 '기분 좋은 감정 상태'에 달려 있다. 이는 행복을 완성하는 핵심 요소이다. 이 느낌을 빼놓고 행복

행복의 기준은
바로 이 기분 좋은 느낌에서 찾아야 한다.
만일 솟아오르는 욕구를 충족시켰는데도
기분 좋은 느낌이 들지 않는다면
이는 행복과 거리가 멀다.

둘 성공 신화의 함정

에 대해 논하는 것은 마치 앙꼬 없는 찐빵처럼 허무한 일이다. 따라서 행복의 기준은 바로 이 기분 좋은 느낌에서 찾아야 한다. 만일 솟아오르는 욕구를 충족시켰는데도 기분 좋은 느낌이 들지 않는다면 이는 행복과 거리가 멀다.

그런데 이 기분 좋은 느낌은 강도와 지속 기간에 차이가 있다. 기분이 조금 좋을 때가 있는가 하면 죽고 싶을 정도로 격렬하게 좋을 때가 있으며, 기분 좋은 느낌이 잠시 들었다 사라지는 때가 있는가 하면 아주 오랫동안 지속될 때가 있다. 이러한 강도와 지속 기간은 앞에서 말한 욕구 충족 시점과 밀접한 연관이 있다. 욕구가 솟을 때 즉각 이를 충족시키면 비교적 낮은 강도의 기분 좋은 느낌을 지속적으로 이어 갈 수 있다. 반면, 욕구 충족을 지연시키면 지연 시간에 비례하여 강렬하게 기분 좋은 느낌을 짧은 순간 느낄 수 있다. 혹시 이해가 잘 되지 않으면 앞에서 예를 든 음식 섭취 행동을 떠올려 보라. 이렇게 보면 어떤 종류의 행복을 선택할 것인가는 개인이 결정할 문제라고 여겨지기도 한다. 『마시멜로 이야기』는 우리에게 두 번째 방법을 선택하라고 권하고 있다.

수학적으로 계산해 볼 때, 행복의 양을 최대화하는 방법은 강렬하게 기분 좋은 느낌을 아주 오래 가져가는 것이라고 말할 수 있다. 하지만 사람의 심리는 아주 묘해서 감정적으로 흥분하면(강렬하게 기분 좋은 느낌은 일종의 감정 흥분 상태다) 이내 속에서 이를 가라앉히려는 움직임이 일어나기 시작한다. 그러니까 정상 범위를 벗어나 행복감이 올라가면 바로 이를 제지하는 기제가 발동해서 오랫동안 강력한 행복감을 느끼지 못하게 한다는 말이다. 따라서 행복의 전체량을 최대화하는 방법은 적정 수준의 기분 좋은 느낌을 오래 유지하는 데서 찾아야 한다. 강렬한 행복감을 추구하는 『마시멜로 이야기』가 별로 귀담아 들을 내용이 아니라는 점은 여기에서도 발견할 수 있다.

앞에서 사람들은 행복하기 위해서 성공하려 한다고 말하고, 성공은 욕구 충족과 그에 뒤따르는 기분 좋은 느낌이라고 풀이했다. 그렇다면 제대로 된 성공은 욕구를 충족시켜 기분 좋은 느낌을 가져오는 것이어야 한다. 또 이렇게 얻는 기분 좋은 느낌은 성공하지 못했을 때에 비해 훨씬 더 깊고 풍부해야 한다. 그런데 『마시멜로 이야기』에서 보듯, 사람들은 성공하려면 욕구 충족을 지연하거나 억압하라고 충고한다. 순간순간 솟아나는 욕구들을 떨쳐 버릴 수 있어야 성공할 수 있고 보다 큰 행복을 누릴 수 있다고 말한다. 욕구 충족에 대해 서로 정반대되는 이 두 주장을 어떻게 소화해야 할까?

필자가 보기에 성공과 행복의 관계에 대한 '전혀 다른 시각'이 이처럼 서로 다른 주장을 하게 되는 원인 같아 보인다. 한쪽은 성공을 행복으로 가게 하는 징검다리로 보는 반면, 다른 한쪽은 성공 자체를 목표로 삼고 있다. 다시 말해 성공이 행복의 수단이냐 목표냐에 따라 주장이 갈라진다는 말이다. 성공을 행복으로 가는 징검다리라고 여기는 사람들은 성공 자체에 절대적인 가치를 부여하지 않는다. 만일 성공을 향한 자신의 삶이 정상적인 욕구 만족을 어렵게 하고 행복으로부터 멀어지게 한다고 생각되면 미련 없이 그 길을 버릴 준비가 되어 있다. 반대로, 성공 자체가 목적인 사람은 어떻게 해서든 성공하기 위해 혈안이 되어 있다. 성공만 하면 행복이 저절로 찾아올 거라는 근거 없는 확신을 가지고 자신의 삶을 몰아치는 데 망설임이 없다. 성공이 마치 신화가 되어 다른 모든 삶을 삼켜 버리고 만다. 이들에게 행복은 손에 쥘 수 있는 실제적인 '기분 좋은 느낌'이 아니라 오로지 성공한 뒤에야 맛볼 수 있는 막연한 신기루일 따름이다. 심하게 말하면 이들은 '성공=행복'이라 여기고 그렇게 산다. 성공이 신화가 돼 버린 것이다.

'성공=행복' 또는 '성공=기분 좋은 느낌'이라는 등식이 성립하지 않는다는 사실을 우리는 경험으로 잘 알고 있다. 성공 신화에 빠졌다가 불행의 나락으로 떨어진 사람들이 우리 주변에 얼마나 많은가! 이 글을 시작하면서 말한 여러 경우 중 하나만 예로 들어 보자. 얼마 전, 우리는 명예와 부라는 성공을 좇아 세계를 우롱하며 사기극을 펼치던 한 대학교수가 성공의

성공 자체가 목적인 사람은
어떻게 해서든 성공하기 위해
혈안이 되어 있다. 성공만 하면
행복이 저절로 찾아올 거라는
근거 없는 확신을 가지고 자신의 삶을
몰아치는 데 망설임이 없다.

문턱에서 좌절해 한없이 추락한 사실을 목격했다. 온 세계가 자기에게 이목을 집중시켰을 때 이 사람은 아마 더할 나위 없이 기분 좋은 느낌에 빠져 들었을 것이다. 하지만 이 기분 좋은 행복감은 얼마 가지 않아 더할 나위 없이 기분 나쁜 불행감과 자리바꿈했음에 분명하다. 이 불행감은 지금도 계속되고 있을 것이다. 모르긴 몰라도 성공을 준비하는 과정에서도, 이 교수는 자기와 세상을 속이고 있다는 사실 때문에 죄의식이나 불쾌한 기분에 사로잡혀 있었을 가능성이 높다. 아주 짧은 순간 강렬한 행복감을 맛보기 위해서 이렇게 많은 불행감을 안고 산다는 것은 도저히 수지가 맞지 않는 장사와 같다. 이는 성공 신화라는 함정에 빠져 버린 불쌍한 인간의 모습일 뿐이다.

온 세계가 자기에게 이목을 집중시켰을 때
이 사람은 아마 더할 나위 없이 기분 좋은 느낌에 빠져 들었을 것이다.
하지만 이 기분 좋은 행복감은 얼마 가지 않아 더할 나위 없이
기분 나쁜 불행감과 자리바꿈했음에 분명하다.

셋

욕구, 그 신비의 세계

가졌다고 해서 부자가 아니다.
富(부)는 즐길 줄 알아야 한다.

- 벤저민 프랭클린 -

욕구, 그 신비의 세계

『마시멜로 이야기』는 사람의 욕구를 너무 간단하게 다루고 있지만 실상 욕구는 그렇게 간단한 게 아니라, 그 종류가 다양하고 역할과 기능도 매우 복잡하다. 따라서 모든 욕구를 싸잡아 한 가지로 취급해서는 곤란하다. 만족을 지연시킬 수 있는 욕구가 있는가 하면 절대로 만족을 지연시켜선 안 되는 욕구가 있고, 만족시키면 바로 사라지는 욕구가 있는가 하면 만족시킬수록 더 많은 만족을 향해 움직이게 하는 욕구가 있다. 그러므로 '성공하기 위해 욕구 만족을 지연하라'는 『마시멜로 이야기』의 충고는 지나치게 한쪽으로 치우쳐 있다.

사전에서는 욕구를 '무엇을 얻거나 무슨 일을 바라고 원함'이라고 정의하고 있다. 그런데 이 바라고 원함이 일어나는 '근원', 이 바라고 원함을 만족시킬 수 있는 '방식', 그리고 이 바라고 원함을 만족시키거나 만족을 지연시킬 때 펼쳐지는 '결과'가 아주 다르다. 이제 이들을 살피면서 복잡한 욕구의 세계를 하나씩 헤집어 보자.

욕구하면 가장 먼저 생각나는 것이 생리적 욕구다. 즉 먹고, 마시고, 움직이고, 쉬고, 자고, 섹스하고, 배설하고, 접촉하는 등 그 출발점이 생리적 현상에 뿌리를 둔 욕구들이다. 이 욕구들은 솟아날 때 곧바로 충족시켜 주는 것이 가장 좋다. 이들의 충족을 너무 뒤로 미루거나 제대로 충족시켜 주지 않으면 꼭 탈이 난다. 예를 들어 배가 고프면 제때 밥을 먹어 주어야 한다. 만일 끼니를 건너뛰거나 며칠 굶기라도 하면 볼

욕구 하면 가장 먼저 생각나는 것이 생리적 욕구다.
즉 먹고, 마시고, 움직이고, 쉬고, 자고, 섹스하고,
배설하고, 접촉하는 등 그 출발점이
생리적 현상에 뿌리를 둔 욕구들이다.

썽사나운 짓을 하게 된다.

한때 시설보호소에 수용되어 있던 유아들이 이유 없이 사망한 적이 있었다. 한두 아이도 아니고 여러 유아들에게 이런 일이 일어나자 의학계와 심리학계가 발칵 뒤집혔다. 결국 이들이 내린 결론은 '사랑 결핍증'이었다. 시설보호소에서는 시간에 맞춰 유아들을 먹이고, 입히고, 재우는 등 최선을 다해 돌보았지만 부족한 무엇이 있었던 것이다. 일부 학자들은 그 주범이 부족한 '신체 접촉'이라고 생각한다. 시설보호소에서도 신체 접촉이 없었던 것은 아니지만 그 질과 양이 충분하지 못했다고 보는 것이다. 유아들에게 피부 접촉은 애정을 확인하는 통로일 뿐 아니라 생명 유지 여부를 결정하는 생리적 욕구이기도 하다. 만일 이 욕구를 제때 충족시키지 않고 지연시키면 돌이킬 수 없는 일이 발생한다. 필자는 제왕절개를 통해 자녀를 출산한 제자들에게 출산 후 아기의 피부를 쥐어 터뜨린다는 기분이 들 정도로 열심히 마사지해 주라고 권한다. 자연분만의 경우 아기가 산도를 통과하면서 자연스럽게 충족할 수 있는 피부 접촉 욕구의 충족이 이들에게는 결핍되어 있기 때문이다.

생리적 욕구의 충족은 지연시키지 않는 것이 원칙이다. 만일 욕구가 솟을 때 이를 충족시킬 수 있는 여건이 마땅치 않다면 빨리 그런 여건을 마련하거나 대안을 찾아야 한다. 그렇게 하지 않으면 꼭 문제가 생긴다. 심리학자들은 이런 욕구를 결핍욕구라고 부른다. 무엇인가 모자라고 결핍되었을 때 발생하는 욕구이기 때문이다. 결핍욕구는 결핍된 무엇인가를 채워 주면 쉽게 해결된다. 시간이 지나 다시 결핍 상태가 될 때까지 이 욕구들은 잠잠하게 휴식을 취한다.

결핍욕구에는 생리적 욕구만 있는 것이 아니다. 심리적 욕구 중에도 결핍욕구에 속하는 것들이 많다. 위험으로부터 보호받고 생명을 안전하게 유지하려는 안전욕구, 사람들과 한 무리가 되어 함께 어울리는 가운데 사랑과 수용을 받으려는 소속욕구, 유능하게 훌륭한 일을 성취함으로써 다른 사람들로부터 칭찬과 인정을 받으려는 존중욕구 등은 모두 결핍욕구에 포

'칭찬은 영혼의 양식'이라는 말이 그냥 있는 게 아니다.
몸의 건강을 유지하는 데 양식이 꼭 필요한 것처럼
건강한 자기존중감을 유지하는 데에는 칭찬이 꼭 필요하다.

셋 **욕구, 그 신비의 세계**

함시킬 수 있다.

　존중욕구를 예로 들어 보자. 사람은 어른, 아이 할 것 없이 모두 칭찬을 좋아한다. 왜 그럴까? 칭찬은 자기존중감을 높여 주기 때문이다. 칭찬을 받으면 어깨가 으쓱 올라가고 사는 게 재미있다. 반면, 칭찬을 받지 못하면 어깨가 처지고 기운이 떨어진다. 당장 주변에 있는 사람을 칭찬해 보라. 얼굴이 펴지고 눈에 활기가 돌 것이다. 칭찬이 자신감을 불어넣고 자존심을 높여 준 것이다. '칭찬은 영혼의 양식' 이라는 말이 그냥 있는 게 아니다. 몸의 건강을 유지하는 데 양식이 꼭 필요한 것처럼 건강한 자기존중감을 유지하는 데에는 칭찬이 꼭 필요하다. 칭찬은 결핍된 존중욕구를 채워 주고 계속 이어 가게 하는 아주 훌륭한 수단이다. 사람들이 그렇게 칭찬에 목말라 하는 이유가 바로 여기에 있다.

　결핍욕구가 있다면 성장욕구도 있다. 성장욕구는 현재보다 더 나은 상태로 성장하려는 사람이 느끼는 것으로서, 채울수록 더 채우기를 원하는 욕구다.

자연 상태에서 사람이면 누구나 느끼는 것이 결핍욕구라면, 성장욕구는 특별히 그쪽에 관심을 가지고 자기계발을 꾀하는 사람들이 느끼는 욕구다. 유명한 인본주의 심리학자 마슬로우가 말한 인지욕구, 심미욕구, 자아실현욕구가 여기에 속한다. 인지욕구는 자신과 세상에 대해 더 많은 것을 알고 이해하기 위하여 탐구하는 지식욕을, 심미욕구는 대상 세계에서 균형과 질서를 발견하고 아름다움을 추구하는 탐미욕을, 자아실현욕구는 자신 속에 숨어 있는 잠재력을 찾아 현실 세계에서 이를 실현하려는 성장욕을 말한다. 인간 사회에서 각종 학문, 예술, 기술, 스포츠가 발달하는 것은 사람들이 이런 성장욕구를 가지고 있기 때문이다.

성장욕구는 교육과 훈련에 의해서 모습을 갖춰가는 욕구다. 이를 테면 인지욕구는 저절로 솟아나는 것이 아니라 지식과 앎에 대한 가치를 알게 되면서 서서히 형성된다. 교육과 훈련은 바로 이 지식과 앎에 대한 가치를 안내하는 역할을 한다. 수학을 전혀 모르

성장욕구는 교육과 훈련에 의해서
모습을 갖춰 가는 욕구다.
이를테면 인지욕구는
저절로 솟아나는 것이 아니라
지식과 앎에 대한 가치를
알게 되면서 서서히 형성된다.

던 어린이가 수, 덧셈, 뺄셈 등의 기본적인 수학 지식을 배워 가면서 점차 수학에 취미를 붙이며 빠져 들어가는 현상이 좋은 예가 될 것이다.

성장욕구는 일단 자리를 잡으면 아주 강력하게 사람을 움직이는 힘으로 작용한다. 얼마 전 TV에서 초등학교 6학년 어린이가 중식, 양식, 한식, 복요리 등 요리자격증 그랜드슬램을 작성했다는 보도가 있었다. 이 어린이는 새로운 요리를 배우고 익히는 데 재미를 붙여서 자신이 활용할 수 있는 거의 모든 시간을 들여 요리 공부에 매진하고 있었다. 앞으로 더 배우고 익혀 요리분야의 장인으로 성장하는 것이 꿈이란다. 이처럼 한번 제대로 맛을 들이면 더 배우고 더 채우기 위해 안달하게 만드는 것이 성장욕구의 특성이다.

성장욕구는 채울수록 더 채우기를 바라는 마음을 일으킬 뿐 아니라 그 결과 삶을 풍부하고 윤택하게 만들어 준다. 요리에 푹 빠진 어린이에게 펼쳐져 있는 음식의 세계는 보통 사람들이 상상할 수 없을 정도로 풍부하고 세련되어 있을 것이다. 이렇게 그 소녀는 벌써 보통 사람과 차원이 다른 세계에서 노닐고 있다. 우리가 아는 학문, 예술, 기술, 스포츠 분야의 대가들은 모두 이 성장욕구를 마음껏 발휘하며 사는 사람들이다. 인생을 화려하고 고급스럽게 살아가려면 시간과 정력을 들여 다채로운 성장욕구를 키워 나갈 필요가 있다.

그런데 성장욕구가 아니라 결핍욕구에 바탕을 두고 새로운 세계를 배우고 알아 가는 활동에 참여하는 사람들이 있다. 예를 들어, 요리하는 일 자체에 매력을 느끼고 여기에 흠뻑 젖어들어 가는 것이 아니라 돈을 벌 목적으로 요리를 배우는 경우다. 같은 활동에 참여하더라도 그 목적이 무엇인지, 어디서 만족을 얻는지에 따라 욕구의 종류는 달라진다. 성장욕구에 의해 움직이는 사람들은 대부분 활동의 결과에 뒤따라오는 보상보다 활동 자체에서 만족을 얻는다. 이들은 활동 자체에서 느끼는 내적인 가치에 매료되어 있기 때문이다.

결핍욕구와 성장욕구를 넘어서서 욕구의 세계

초월욕구를 계발하고 그에 따라 움직이는 사람들은
세상을 살아가는 목표가 일반 사람들과 다르다.
이들은 결핍된 욕구를 채운다거나
한 번뿐인 인생이니 화려하고 멋지게 살아 보자는
생각을 별로 하지 않는다.

셋 욕구, 그 신비의 세계

자체를 초월하려는 욕구가 있다. 말 그대로 초월욕구다. 이런 욕구를 가진 사람들은 지금 이대로의 삶에 만족하지 않고 끊임없이 새로운 세계를 향해 달려간다. 이들은 힘이 닿는 한 존재의 본질에 가까이 다가가 그 한계를 확인하려 하며, 결국에는 이를 극복하고 초월하여 새로운 경지에 닿으려 한다. 그러니까 이들의 관심은 온통 자기 존재를 변형시키는 데 있다. 우리가 잘 아는 책 『꽃들에게 희망을』, 『갈매기의 꿈』은 바로 강렬한 초월욕구에 따라 사는 삶을 이야기하고 있다.

초월욕구를 계발하고 그에 따라 움직이는 사람들은 세상을 살아가는 목표가 일반 사람들과 다르다. 이들은 결핍된 욕구를 채운다거나 한 번뿐인 인생이니 화려하고 멋지게 살아 보자는 생각을 별로 하지 않는다. 삶을 소유라고 생각하지 않기 때문에 많이 가지는 데도 관심이 없다. 세상을 마치 나그네처럼 살아가는 이런 경지에 들어서려면 나름대로 삶에 대한 깊은 지혜와 통찰이 있어야 한다. 대개 이들은 삶의 의미와

본질에 대하여 치열하게 고민하며 살다가 어떤 전환점을 계기로 삶의 지향을 바꾸는 경향이 있다.

초월욕구에 사로잡힌 사람들은 그 누구보다도 인생을 열심히 살려고 한다. 초월욕구는 다른 어떤 욕구도 따를 수 없을 만큼 사람을 잡아끄는 힘이 강하기 때문이다. 다만 이들은 세상 사람들이 추구하는 욕구를 버리는 대신 차원이 전혀 다른 욕구를 향해 움직이고 있을 따름이다. 엄밀히 따지면 '초월욕구'에는 두 가지 뜻이 담겨 있다. 하나는 세상에 대한 욕구를 넘어선다는 뜻이고, 다른 하나는 욕구 자체를 넘어선다는 뜻이다. 전자는 세상에 대한 욕구를 접은 대신 존재의 변형과 승화를 향한 욕구를 갖는다는 뜻이요, 후자는 점차로 초월하려는 욕구조차 제거하여 결국 욕구 자체가 움직이지 않는 완전히 무욕의 경지에 도달한다는 뜻이다. 테레사 수녀가 전자의 경우라면 성철 스님은 후자에 해당할 것이다. 어쨌거나 이 두 욕구 모두 현재의 삶에 안주하지 않고 수도자처럼 정진하는 삶을 추구한다는 점에서 공통점이 있다.

지금까지 사람의 욕구를 결핍욕구, 성장욕구, 초월욕구로 나누어 살펴봤다. 『마시멜로 이야기』가 말하는 성공은 이 중 어떤 욕구에 해당하는 것일까? 15분간 참으면 마시멜로를 하나 더 얻어먹을 수 있다는 실험에 근거를 두고 이야기를 풀어 나간 것을 보면 결핍욕구를 말하는 듯하다. '부와 명예 획득'이라는 책의 결론 역시 우리가 분류한 바에 의하면 결핍욕구와 관련된 것이다. 결론적으로 이 책은 온통 결핍욕구 수준에서 성공과 삶을 이야기하고 있는 셈이다.

결핍욕구는 채워 주는 것이 바람직하다. 더구나 결핍욕구의 충족이 살아가는 목표의 전부라면 이를 충족시키는 것만큼 중요한 일도 없다. 따라서 어떻게 하면 이 욕구들을 제대로 충족시킬 수 있을지 머리를 싸매고 연구하는 것도 당연하다. 결핍욕구의 충족을 성공이라 생각하는 한 이런 삶을 포기하기도, 그 한계를 건너뛰기도 매우 어려울 것이다.

그런데 그렇게 사는 삶은 매우 초라하다. 결핍욕구를 채우는 것은 아주 당연한 일이요, 진짜 사는 재미는 성장욕구와 초월욕구를 충족시키는 데서 나온다. 자기가 하는 활동과 자기 존재가 변화하는 모습에서 순간순간 기쁨을 누리는 사람의 행복은 아무나 흉내 낼 수 있는 것이 아니다. 이들은 결핍욕구를 존중하지만 그에 휘둘리지 않으며, 동시에 이를 성장욕구와 초월욕구 충족에 도움을 주는 자원으로 삼을 줄 안다. 이 세 가지 욕구가 한 사람 안에서 균형과 조화를 이룰 때 그는 누가 보기에도 정말 멋지고 재미있는 인생을 살아갈 게 확실하다. 이에 비해 결핍욕구에 매달려 동분서주하고 있는 사람은 얼마나 한심한가! 그럼에도 『마시멜로 이야기』는 그 결핍욕구조차 지연시켜야 한다고 충고한다.

가끔 벼락부자 비웃는 소리를 듣는다. 갑자기 돈이 생기니 어떻게 써야 할지 모르고 우왕좌왕한다는 비아냥거림이다. 부를 누릴 준비가 안 된 상태에서 갑자기 부자가 되면 그렇게 된다. 마찬가지로, 여러분이 어느 날 성공했다고 해서 갑자기 인생이 풍요로워지지는 않는다. 풍요로운 삶은 미리 준비한 사람만이 누

베토벤 음악의 아름다움은
오랫동안 귀를 훈련한 사람이
즐길 수 있는 것이지
음악 근처에도 가지 않았는데
재벌이 됐다고 해서
갑자기 즐길 수 있는 게 아니다.

릴 수 있는 특권이다. 베토벤 음악의 아름다움은 오랫동안 귀를 훈련한 사람이 즐길 수 있는 것이지, 음악 근처에도 가지 않았는데 재벌이 됐다고 해서 갑자기 즐길 수 있는 게 아니다. 그러니 성공하면 인생이 갑자기 화려해지리라는 섣부른 판단을 하지 말자.

 욕구 이야기를 하다 보니 아무래도 성공의 개념을 바꾸는 편이 나을 듯하다. 사람들이 흔히 생각하듯 부, 명예, 권력, 사랑의 획득이 아니라 기분 좋은 느낌으로 행복하게 사는 것을 성공으로 봐야 한다. 물론 기분 좋은 느낌으로 살기 위해서 때로 부, 명예, 권력, 사랑을 얻는 데 시간을 들일 수도 있겠지만 말이다.

부, 명예, 권력, 사랑의 획득이
아니라 기분 좋은 느낌으로
행복하게 사는 것을 성공으로 봐야 한다.

넷

소유냐 누림이냐

진정한 생활은 현재뿐이다.
따라서 현재 이 순간을 최선으로 살려는
일에 온 정신력을 기울여 노력해야 한다.
- 톨스토이 -

소유냐 누림이냐

얼마 전 자기 아버지의 살아가는 방식을 참 이해하기 어렵다는 동료 교수의 푸념을 들었다. 수백억대의 재산을 가진 아버지가 웬만해서는 절대 스스로를 위해 돈을 쓰지 않으신단다. 왜 재산을 모으시냐고 물어보면 자식들에게 물려주기 위해서라고 답변하시면서. 좀 쓰고 사시면 참 좋을 텐데, 자식들에게 재산을 물려주려고 그렇게 인색하게 생활하시는 아버지 모습이 무척 딱한 모양이다. 그런데 내 눈에는 이미 수십

억에 달하는 재산을 물려받은 이 동료 교수 역시 쓰고 사는 즐거움을 모르는 사람으로 비친다. 아버지의 소유 중심 생활방식을 못마땅해하면서 자기도 모르게 닮아 버리고 만 것이다.

유명한 철학자이자 심리학자인 에리히 프롬은 『소유냐 존재냐』라는 제목의 책을 써 낸 적이 있다. 그는 이 책에서 소유 중심의 삶과 존재 중심의 삶을 대비시키고 이 둘이 조화를 이루는 삶을 추천하고 있다. 소유 중심이란, 접하는 모든 것들을 자기 것으로 차지하고 간직하고 집착한다는 뜻이다. 반면 존재 중심이란, 소유에 대한 집착 없이 순수한 삶의 기쁨을 추구하면서 접하는 모든 것에 생명과 활력을 불어넣는다는 뜻을 담고 있다. 부에 집착하고 이를 많이 축적하려는 것이 소유 중심의 삶이라면, 부가 가져오는 기쁨을 알고 이를 다른 사람들과 함께 나누고 누리려는 것이 존재 중심의 삶이라 할 수 있다. 여기서 '존재 중심'이라는 말은 좀 어렵기도 하거니와 그 의미가 누림에 초점을 두고 있으므로 '누림 중심'이라는 말

소유 중심이란, 접하는 모든 것들을
자기 것으로 차지하고 간직하고 집착한다는 뜻이다.
반면 존재 중심이란, 소유에 대한 집착 없이
순수한 삶의 기쁨을 추구하면서 접하는
모든 것에 생명과 활력을 불어넣는다는 뜻을 담고 있다.

부와 물질을 강조하는 자본주의 사회라 그런지
'많이 갖는 것'이 아주 중요한 가치가 되었다.
그래서 서로서로 경쟁하며 많이 갖기에 여념이 없다.
성공 역시 그 사람이 가진 것의 종류와 양에 의해 평가된다.

넷 소유냐 누림이냐

로 바꾸는 편이 나을 듯하다.

　우리 주변에는 소유 중심적인 삶을 사는 사람들이 아주 많다. 부와 물질을 강조하는 자본주의 사회라 그런지 '많이 갖는 것'이 아주 중요한 가치가 되었다. 그래서 서로서로 경쟁하며 많이 갖기에 여념이 없다. 성공 역시 그 사람이 가진 것의 종류와 양에 의해 평가된다. 이러다 보니 삶이 마치 창고에 좋은 물건 쌓아 두기처럼 진행된다. 지금 타고 다니는 작은 경차를 덩치가 크고 비싼 외제차로 바꾸거나 평수가 작은 아파트에서 큰 평수의 아파트로 옮겨 가는 것이 삶의 중요한 목표가 되었다. 나이가 들면 으레 골프를 쳐야 하는 것처럼 레저 활동도 소유물이 돼 버렸고, '사랑'조차도 뺏고 빼앗기는 소유물이 돼 버렸다.

　그런데 이들은 왜 이렇게 많이 소유하기를 원하는 걸까? 아마도 지금까지 살아온 이들의 인생이 소유의 중요성을 일깨웠기 때문일 것이다. 특히 과거에 '없다'는 이유로 생존에 위협을 느꼈거나 이런저런 불편한 상황에 접한 경험이 있을 것이다. 하기야 우리

역사를 돌이켜 보면 가진 게 없어서 힘들고 고통스러웠던 세월이 참 오랫동안 이어져 왔다. 이런 고생을 보상받으려는 심리가 많은 것을 소유하고 과시하려는 행동으로 드러나는 것 같다. 거기다가 시대정신이 된 자본주의 이데올로기까지 겹쳐졌으니 오죽하겠는가! 그래서 요즘 사람들은 자기만 그렇게 사는 게 아니라 자녀들의 삶도 그렇게 만들지 못해 안달이다. 좋은 학교, 좋은 직업이라는 계급장을 달아 주려고 유아들에게까지 영어를 가르치는 세상이 되었으니……

사실 많이 소유하는 것 자체는 문제가 아니다. 다른 사람들이 가지지 못한 것을 가지고 있다는 사실은 창피한 일이 아니라 오히려 자랑할 만한 일이다. 문제는 자신이 소유하고 있는 것을 제대로 누리지 못한다는 데에 있다. 누리기는커녕 값진 소유품들을 더 많이 확보하는 데 시간과 정열을 쏟느라 여념이 없다. 필자가 아는 어떤 사람은 산악자전거를 좋아하는데 아주 비싼 산악자전거를 여러 대 가지고 있다. 그리고 새로운 제품이 나오면 또 구입할 계획을 가지고 있다. 문제는 이 사람이 산악자전거를 타고 산악을 누비는 일에 별 관심이 없다는 것이다. 산악자전거의 본래 용도를 누리는 데는 관심이 없고 오로지 값비싼 물건을 소유했다는 데서 만족을 느낀다. 이렇게 소유물이 장식품 역할에 그치고 말면 소유주가 소유물을 제대로 즐기고 누리는 일이 어려워지므로, 둘 사이에 의미 있는 관계가 성립되기도 어렵다. 따라서 소유 중심으로 사는 사람은 온갖 소유물이라는 장식품으로 치장은 하되, 그 소유물들과 내적으로 만나면서 자신이 달라지는 경험은 하지 못한다.

'무엇을 누린다'는 말은 그 무엇이 가진 본래의 용도와 가치를 제대로 즐기거나 맛본다는 뜻이다. 그런데 '무엇'을 누리는 활동은 결과적으로 그 '무엇'과 누리는 이의 관계를 긴밀하게 만들고, 또 누리는 이에게 무언가 바람직한 변화를 일으킨다. 즉, 누림은 누리는 이와 관련하여 그 '무엇'의 위상을 변화시키고, 한 걸음 더 나아가 누리는 이의 존재 자체에 영향을 끼친다. 소유물을 누릴 때 소유물과 소유주 사이에

자녀에게 피아노를 사 준 아버지에게
피아노는 가정의 장식품에 불과하지만,
피아노를 칠 줄 아는 자녀는 피아노를 애지중지 소중하게
다룰 뿐 아니라 피아노 연주를 자기 삶의 일부로
끌어들여 아빠가 모르는 성장을 경험한다.

넷 소유냐 누림이냐

는 바로 이런 관계가 발전하는데, 소유물을 오로지 장식품으로 대한다면 이 관계는 아예 없다. 자녀에게 피아노를 사 준 아버지에게 피아노는 가정의 장식품에 불과하지만, 피아노를 칠 줄 아는 자녀는 피아노를 애지중지 소중하게 다룰 뿐 아니라 피아노 연주를 자기 삶의 일부로 끌어들여 아빠가 모르는 성장을 경험한다. 그리하여 누리는 사람은 접하는 대상들과 각종 관계를 구성하며 끊임없이 성장한다. 누림은 존재를 변형시키고 승화시키는 아주 중요한 통로가 된다.

반면, 소유하는 삶에는 이 같은 성장 경험이 없다. 소유물은 그저 소유주가 차지하고 있는 대상에 불과하기 때문에 그의 변화와 성장에 아무런 영향을 주지 못한다. 따라서 누릴 줄 모르고 소유하는 데에 집착하는 사람은 어느 시점에서 성장을 멈추고, 반복된 삶을 살아가는 로봇과 크게 다를 바가 없다. 누리는 삶과 소유하는 삶의 근본적인 차이가 여기에 있다.

소유하는 삶과 누리는 삶의 특성을 비교할 수 있는 또 하나의 기준으로 '결과'와 '과정'에 대한 태도를 들 수 있다. 소유에 집착하는 사람은 일의 결과를 매우 중요하게 여긴다. 목표하던 결과물을 얻었는지의 여부가 일을 어떻게 처리했고 그 과정에서 어떤 경험을 했는지에 우선한다. 예를 들어, 대학 입학만이 목적인 사람에게는 대학 합격이 중요할 뿐 대입을 준비하며 어떤 경험과 과정을 거치는지에 대해서는 관심이 없다. 그러다 보니 원하는 결과를 얻기 위하여 지켜야 할 규칙을 어기고 반칙과 탈법도 서슴지 않는다. 때로는 이들에게 도덕적, 윤리적 의식이 있는지조차 의심스러울 때가 있다. '개처럼 벌어서 정승처럼 쓰자'는 식의 가치관으로 무장한 이들은 원하는 결과(돈 벌기)를 얻기 위하여 그야말로 수단과 방법을 가리지 않는다. 인간다운 삶, 타인을 배려하는 삶은 아예 생각지도 않는다. 이러한 삶을 통해 원하는 소유물을 획득할 수 있을진 모르지만 이들은 결국 자신과 타인으로부터 모두 소외되는 외로운 상태에 이르게 된다.

    살아가면서 우리가 얻는 결과는 매우 중요하다. 하지만 그 못지않게 중요한 것이 결과를 얻는 과정에

소유에 집착하는 사람은 일의 결과를 매우 중요하게 여긴다.
목표하던 결과물을 얻었는지의 여부가 일을 어떻게 처리했고
그 과정에서 어떤 경험을 했는지에 우선한다.

서 누리는 다채로운 경험이다. 어쩌면 삶의 내용은 이 경험들로 채워진 연속적 과정이라고 말할 수도 있다. 이 과정이 빠진 결과는 알맹이 없는 껍데기에 불과하다. 결과를 맹신하는 소유 중심의 삶이 얼마나 허무하게 끝날 수 있는지 돌이켜 볼 일이다.

　소유하는 삶과 누리는 삶은 시간을 대하는 데서도 차이가 있다. 쉼 없이 흐르는 시간을 굳이 끊어 표현하자면 과거, 현재, 미래로 나눌 수 있다. 어느 시인이 그랬듯, 이를 '이미', '지금', '아직'이라는 부사로 표현할 수도 있다. 소유 중심의 삶은 '이미'와 '아직'에 머물러 산다. 즉, 소유를 중시하는 사람은 이미 일어났던 일을 있는 그대로 간직하려는 성향과 아직 이루지 못한 바람을 향해 맹목적으로 달려드는 성향이 강하다. 엄밀히 말하면 '아직' 이루지 못한 바람에서 그 바람은 미래를 향해 있지만, 사실 과거 시점인 '이미'에 결정된 것이므로 과거에 속한 미래라고 표현하는 편이 정확하다.

　'이미'에 머물러 있는 사람들은 과거의 경험과

추억을 아주 소중하게 간직한다. 즐겁고 기쁜 것이든 슬프고 고통스러운 것이든 과거에 일어났던 일을 있는 그대로 기억하고 이를 추억하며 산다. 그리하여 과거로부터 끊임없이 영향을 받는다. 현실이 힘들면 쉽게 행복했던 과거로 도피해 버리거나, 이렇게 살 수밖에 없도록 만든 사람 또는 사건을 찾아 원망하고 분노를 폭발시킨다. 속에서 과거가 생생하게 살아 움직이는데 어떻게 현재를 제대로 누리고 살 수 있겠는가?

성폭력이나 아동학대와 같이 어린 시절의 충격적인 경험을 예로 들어 보자. 과거에 머물러 있는 사람은 이 충격적인 경험의 영향력에서 벗어나지 못한다. 왜냐하면 내면에 이 충격적 경험이 일으킨 고통과 아픔을 그대로 소유하고 있기 때문이다. 겉으로 보면 그 경험을 멀리하고 피하는 것처럼 보이지만, 사실은 그 사건으로 인해 생긴 시퍼런 멍이 아직도 가라앉지 않고 있다. 그래서 이 기억을 불러일으키는 자그마한 단서에도 아주 심하게 반응한다. 여기서 우리는 과거에 대한 모순적 태도를 발견한다. 정말 기억하고 싶지

'10년 후 10억 재산 형성'이라는
목표를 세우고 사는 것은 좋지만,
이를 위해 지금 누려야 할 것들을 몽땅 뒤로 미룬다면
10년 세월을 놓치는 셈이다.

넷 소유냐 누림이냐

않은 과거라면 진정 그로부터 멀어져야 하는데 오히려 이를 소중하게 끌어안고 있다. 이렇게 과거를 소화하지 못하고 그대로 부여잡고 있는 한 현재를 현재답게 살기는 참으로 어렵다.

이에 반해 '아직' 오지 않은 미래는 희망이 머무는 곳이다. 희망은 삶에 활력을 불어넣고 윤기를 더해준다. 희망을 가지고 사는 사람은 쉽게 지치지도 않는다. 다만 희망 하나만 믿고 미래에 올인 하는 자세가 문제다. 예를 들어 '10년 후 10억 재산 형성' 이라는 목표를 세우고 사는 것은 좋지만, 이를 위해 지금 누려야 할 것들을 몽땅 뒤로 미룬다면 10년 세월을 놓치는 셈이다. 목표대로 10년 후 10억을 소유하게 되면 그나마 다행이지만, 누리지 못하고 보낸 지난 10년 세월은 다시 찾을 길이 없다. 모르긴 몰라도 이런 방식으로 10억을 소유하게 된 사람은 아마도 그 10억을 제대로 누리고 살 줄도 모를 것이다.

미래는 어느 날 갑자기 뚝 떨어지는 것이 아니라 현재와 이어져 있다. 그러므로 현재가 없는 미래는 있을 수 없다. 지금 씨 뿌리고 싹을 틔워야 앞으로 꽃과 열매를 맺을 수 있듯이, 현재는 미래로 인도하는 씨앗이요 나침반이다. 따라서 자신이 희망하는 미래를 잘 내다보며 지금의 삶을 조절해야 한다. 미래에 성공하기를 바란다면 지금부터 조금씩 성공하는 맛을 알아가야 하고, 미래에 행복한 삶을 바란다면 지금부터 조금씩 행복의 맛을 느껴야 한다. 오늘 성공과 행복을 조금이라도 맛보는 생활이 없으면 앞날에도 성공과 행복은 없다. 혹 바라는 미래가 누림 중심의 삶이 아니라 소유 중심의 삶이라면 희망의 내용을 변경하는 것이 바람직하다.

과거, 현재, 미래 중에 우리가 누릴 수 있는 유일한 시간은 현재뿐이다. 아름다운 과거, 희망찬 미래는 우리가 품고 소유할 수 있을 따름이지 지금 즐기고 누릴 수 있는 삶이 아니다. 삶에서 성공하려면 지금 이 순간에 승부를 걸어야 한다. 사실 지금 이 순간을 잘 들여다보면 그 안에는 '이미' 일어난 과거가 흔적으로 남아 있고, 동시에 '아직' 오지 않은 미래가 뿌리

현재가 없는 미래는 있을 수 없다.
지금 씨 뿌리고 싹을 틔워야 앞으로 꽃과 열매를 맺을 수 있듯이,
현재는 미래로 인도하는 씨앗이요 나침반이다.

를 내리고 있다. 누구 말처럼 '과거는 현재 속에서 재구성되고 미래는 현재 속에서 새롭게 구성된다.' 그러니 과거와 멋지게 화해하고 미래를 황홀하게 창조하는 작업을 지금 이 시점에서 시작하라. 이것이 현재를 누리는 가장 훌륭한 방법이며 과거와 미래를 함께 포용하는 최상의 길이다.

더 말할 필요 없이 삶은 누림이어야 한다. 소유 중심의 삶은 누림 중심의 삶에 그 자리를 내주어야 마땅하다. 문제는 누리며 살고 싶은데 누릴 거리가 없다는 데 있다. 누릴 거리, 다시 말해 소유한 것이 없어도 삶 자체가 누림으로 충만할 수 있다는 주장은 도인들이나 할 법한 소리다. 보통 사람들은 누리기 위해서 누릴 거리가 필요하다. 『소유냐 삶이냐』를 저술한 에리히 프롬도 소유 중심의 삶과 존재 중심의 삶에 조화를 이루라고 하지 않았던가. 그렇다면 소유와 누림이 함께할 수 있는 생활양식을 배워야 한다. 소유에도 성공하고 누림에도 성공하는 행복한 삶, 이는 앞으로 우리가 다룰 주제이기도 하다.

더 말할 필요 없이 삶은 누림이어야 한다.
소유 중심의 삶은 누림 중심의 삶에 그 자리를 내주어야 마땅하다.
문제는 누리며 살고 싶은데 누릴 거리가 없다는 데 있다.

다섯

성공, 그 화려한 날갯짓을 위하여
「마음 붙들기」

항상 바람직한 목적을 잃지 않고 노력하는 한,
최후에는 반드시 구함을 받는다.
- 괴테 -

성공, 그 화려한 날갯짓을 위하여 「마음 붙들기」

　이제 본격적으로 소유와 누림에 동시에 성공하는 방법에 대해 말할 때가 되었다. 어떻게 하면 많이 소유하고 또 소유한 것들을 풍부하게 누리며 살 수 있을까? 이 비결을 제대로 알아서 실행하면 행복하게 사는 일은 누워서 떡 먹기처럼 쉬울 것이다. 그렇다고 이 글에서 성공하는 요령을 자세히 가르쳐 주기를 기대하지는 마라. 그런 내용은 『마시멜로 이야기』같이 이미 세상에 나온 수많은 성공지침서에 잘 나와 있다.

더구나 그것들은 별 도움이 되지도 않는다. 만일 그 요령들이 정말 여러분을 성공하게 하는 데 효과가 있었다면 우리 주변에 행복하게 성공한 사람들이 지금보다 훨씬 더 많아야 한다. 삶은 예술이다. 어떻게 살아야 할지 기본원리를 익힌 다음에는 자신에게 가장 잘 어울리는 방법을 찾아 새 길을 창조해야 한다. 이 글은 행복하게 성공하는 원리를 말할 것이다. 이 원리를 자신의 삶에 적용하여 길을 찾는 일은 독자의 몫이다. 모두 독창적으로 행복하게 성공하는 법을 찾아가기 바란다.

세상은 세 가지 기본요소로 구성되어 있다. 대립되는 두 가지 요소와 그 둘을 연결하는 요소 하나, 이를 테면 음과 양 그리고 그 사이를 잇는 변화과정이다. 흔히 세상을 구성하는 요소로 음, 양 두 가지를 말하지만, 이 둘을 소통시키고 이어 가는 '변화과정' 역시 무시할 수 없는 중요한 요소다. 남자가 있으면 여자가 있고, 동쪽이 있으면 서쪽이 있고, 흥할 때가 있으면 망할 때가 있으며, 욕구가 솟을 때가 있으면 가

삶은 예술이다.
어떻게 살아야 할지 기본원리를 익힌 다음에는
자신에게 가장 잘 어울리는 방법을 찾아
새 길을 창조해야 한다.

라앉을 때가 있다. 그리고 그 사이에는 양쪽을 잇는 변화과정이 있다. 행복하게 성공하려면 이 세 요소들의 존재와 작용을 잘 알고 이들이 조화롭게 펼쳐질 수 있는 길을 찾아야 한다. 이 글에서는 '붙들기'와 '놓기'라는 두 가지 대립 요소와 그 변화과정을 중심으로 성공의 비결을 해부할 것이다. 먼저 붙들기부터 따져 보자. 여기서 성공은 잠정적으로 세상 사람들이 그렇게도 좋아하는 '돈벌이'로 정해 놓자.

'붙들기'란 무엇인가를 마음에 담아 잡아 두기를 말한다. 이는 어떤 목표를 설정한 후, 그 목표를 달성할 때까지 마음이 다른 데로 달아나지 않고 거기 머물게끔 잡아 둔다는 뜻이다. 세상에 모든 일은 마음먹기에 달렸다는 말이 있다. 그만큼 마음먹기가 우리 삶에 미치는 영향은 크다. 마치 어미 닭이 품은 알이 병아리로 탄생하듯, 마음에 무엇인가를 오래 품고 있으면 결국 기대하던 결과가 나온다. 마음에 무엇인가 들어 있으면 생각, 감정, 의지가 그리 쏠리고, 시간이 지나면서 점차 숙성되어 마침내 이를 실현하려는 구체적인 행동을 이끌어 내기 때문이다. 사랑에 빠진 사람을 살펴보라. 마음이 온통 사랑하는 이로 가득하고 모든 행동이 '사랑을 위하여' 펼쳐진다. 마음 가득한 사랑이 저절로 온갖 방법을 동원하며 사랑을 향해 움직이게 한다. 그러므로 무엇인가를 이루려 한다면 먼저 마음 붙잡는 일에 관심을 가질 일이다. 마음을 제대로 붙들 수 있다면 이미 반은 성공한 거나 다름없다.

마음 붙들기가 저절로 되면 얼마나 좋을까? 하지만 자기 마음인데도 마음 붙들기는 생각처럼 그리 쉽지 않다. 마음을 오래 잘 붙들려면 마음의 특성을 잘 알아야 할 뿐 아니라 여러 가지 고려할 것들이 있다. 이제 이들을 하나씩 살피면서 성공적인 '돈벌이'에 나서 보자.

첫째, 마음에 붙들어 놓으려는 목표가 자기 삶에 긍정적인 의미를 가져야 한다.

목표를 설정한 이유가 자연스럽게 느껴지면서 억지가 없어야 한다. 예를 들어 5년 동안 10억을 벌기

분노와 복수심이 펄펄 살아 있는 당분간은
아마도 돈벌이에 열심이겠지만 시간이 지나 감정이 식으면
마음이 달라질 게 뻔하다.

 다섯 성공, 그 화려한 날갯짓을 위하여 「마음 붙들기」

로 했다고 치자. 무엇 때문에 이런 목표를 세웠을까? 만일 이 목표가 '누군가에게 앙갚음을 하기 위해서', '주위 사람들에게 과시하기 위하여', '돈이 많으면 좋다고들 하니까' 등의 이유로 설정된 것이라면 성취될 가능성이 낮다. 마음을 끌어당기는 힘이 부족할 뿐 아니라, 왜 그렇게 살아야 하는지 스스로를 설득시킬 수 있는 타당성이 부족하기 때문이다. 어떤 사람이 돈 때문에 변심한 애인에게 본때를 보여 주기 위하여 10억을 벌기로 했다고 하자. 분노와 복수심이 펄펄 살아 있는 당분간은 아마도 돈벌이에 열심이겠지만 시간이 지나 감정이 식으면 마음이 달라질 게 뻔하다. 혹 끝까지 목표를 달성하는 사람도 있겠지만, 그렇게 오랫동안 분노와 복수심을 간직하고 살아간 이 사람의 생활이 행복과 아주 거리가 멀 거라는 사실은 두말할 필요도 없다.

    10억 벌이라는 목표를 제대로 이루려면 우선 이 목표가 자신에게 참 그럴듯하게 여겨져야 한다. '가난한 가정의 경제적 기반을 다지기 위하여', '자녀들에게 조건 좋은 교육을 제공하기 위하여', '세계 여행을 다니며 풍부한 경험을 얻기 위하여', '좀 더 넓은 평수의 아파트로 이사 가기 위하여', '사람들에게 봉사하는 삶을 살기 위하여' 등 동기 자체가 순수하고, 목표의 성취가 자신과 타인에게 유익을 주는 것이어야 한다. 그래야 돈벌이에 전념하는 자신의 삶을 어색함 없이 당당하게 대할 수 있고, 꿋꿋하게 목표를 향해 나아갈 수 있다.

둘째, 목표를 향해 달려가는 과정이 즐겁고 재미있어야 한다.

목표 자체에 가깝게 다가가는 것이 재미있어야 하고, 목표를 이루기 위하여 수행하는 활동 자체에서도 즐거움을 누릴 수 있어야 한다. 10억 벌기라는 목표를 세우고 돈을 벌 때, 통장에 늘어 가는 돈의 액수에서 즐거움을 느껴야 할 뿐 아니라 돈을 버는 활동 자체를 즐길 수 있어야 한다는 말이다. 예를 들어, 10억을 벌기로 결심한 사람이 보험 세일즈맨이라면 그

목표를 향해 달려가는 과정이
즐겁고 재미있어야 한다.
목표 자체에 가깝게
다가가는 것이 재미있어야 하고,
목표를 이루기 위하여 수행하는 활동 자체에서도
즐거움을 누릴 수 있어야 한다.

사람이 돈을 따라가는 것이 아니라
돈이 사람을 따라와야 부자가 된다는 말이 있다.
제대로 돈을 벌고 싶다면 돈을 좇지 말고 돈벌이가 되는
활동에 깊이 몰입하라는 뜻으로 해석할 수 있는 말이다.

다섯 성공, 그 화려한 날갯짓을 위하여 「마음 붙들기」

는 고객을 만나서 보험을 유치하는 활동 자체에 즐거움을 느껴야 한다. 고객과의 만남을 준비하고, 만나서 보험 상품을 안내하고, 보험관련 서류를 챙기고, 고객을 관리하는 일 하나하나에 재미를 붙어야 한다. 이렇게 해서 점차 보험 영업활동의 매력에 빠져 들어가면 돈은 저절로 따라붙는다. 사람이 돈을 따라가는 것이 아니라 돈이 사람을 따라와야 부자가 된다는 말이 있다. 제대로 돈을 벌고 싶다면 돈을 좇지 말고 돈벌이가 되는 활동에 깊이 몰입하라는 뜻으로 해석할 수 있는 말이다. 어느 날 아침 눈을 떠 보니 유명인사가 되어 있더라는 어떤 소설가의 말처럼, 일에 몰입하여 그 내적 가치와 즐거움을 만끽하다 보면 어느새 당신도 부자가 되어 있을 것이다.

셋째, 계속 마음을 휘젓고 침투해 들어오는 다른 욕구가 있다면 뒤로 미루지 말고 일찌감치 충족시켜라.

사람의 내면에는 수많은 욕구들이 들어 있다. 이

욕구들은 잠잠히 있다가도 때가 되면 의식의 전면으로 떠오른다. 게슈탈트 심리학에서는 사람이 자신의 욕구를 지각하는 과정을 전경과 배경이라는 개념으로 설명하고 있다. 배경이 의식과 지각이 가능한 수많은 욕구들이라면, 전경은 그 욕구들 중 지금 이 순간 중심으로 떠올라서 충족을 요구하는 욕구를 말한다. 전경에 떠오른 욕구를 충족시키면 이 욕구는 원래의 배경으로 돌아가고 다시 새로운 욕구가 전경의 자리를 차지한다. 만일 전경에 떠오른 욕구를 무시하면, 그 욕구는 그냥 사라지는 것이 아니라 호시탐탐 전경의 자리에 들어오려고 기를 써서 마음을 지치게 한다. 배가 고픈데 이를 무시하고 하던 일을 계속하면, 배고픔이 없어지기는커녕 점점 더 심해져서 일을 계속할 수 없는 지경까지 이르도록 하는 현상이 좋은 예다. 대부분의 결핍욕구들이 이런 경향을 가지고 있는데, 이런 욕구들은 일찌감치 채워 줌으로써 그 영향력을 줄여 가는 방법이 최선이다.

 욕구에는 결핍욕구 이외에 성장욕구와 초월욕구

가 있다고 앞서 말한 바 있다. 특히 결핍욕구는 바로 채워 주는 방법이 가장 좋다고 했다. 그런데 성취하려고 세워 둔 목표 이외에 다른 성장욕구가 마음에 침투해 들어와 전경에 계속 머물러 있으면 어떻게 할까? 10억 돈벌이를 목표로 삼아 열심히 살고 있는데 대학에서 전공하던 공부를 더 하고픈 마음이 계속 일어나 갈등이 생긴다면 어떻게 하는 게 좋을까? 이런 경우 먼저 '10억 벌기'와 '공부'가 화해할 수 있는 방법을 찾아야 한다. 두 가지를 병행하거나, 일처리의 순서를 정하거나 아니면 상대적인 비중을 정하여 둘을 달리 대하는 방법을 택할 수 있다. 이렇게 하는데도 마음이 불편하다면 '10억 벌기'와 '공부' 중 어떤 목표를 추구하는 것이 진정 자신을 행복하게 해 줄지 근본적인 고민을 다시 하는 편이 좋다. 한 번 정한 목표라고 무조건 집착하지 말고 옳다고 판단되면 과감하게 궤도를 수정한다. '내'가 목표를 위해 있는 것이 아니라, 목표가 '나'를 위해 있음을 잊지 말고 '나'를 행복하게 하는 삶을 선택하라.

전경에 초월욕구가 침투해 들어오면 이야기가 아주 다르다. 초월욕구에 마음을 빼앗기면 정말 그 순간부터 진지하게 자신의 인생을 점검할 필요가 있다. 단순히 감상에 사로잡혀서 그러는 것은 아닌지, 걸어온 지난 길에 아쉬움과 미련은 없는지, 초월적 삶을 살아가는 데 대해 심한 두려움은 없는지 자세히 살필 일이다. 초월적 삶을 사는 유경험자의 이야기도 들어보고 시험적으로 미리 그런 삶을 살아 볼 수도 있다. 그리하여 초월적인 삶에 대한 확신이 생기면 '10억 벌기'와 같은 목표는 마음에서 접고 새로운 삶을 살아간다. 아예 삶의 목표를 바꾸라는 말이다.

넷째, 수시로 마음을 다지고 의지를 새롭게 한다.

마음을 비유하는 말에 '마음은 그릇이다', '마음은 흐름이다'라는 표현이 있다. 이 두 표현을 종합하면, 마음은 무엇을 담는 그릇이지만 담긴 그 무엇은 그대로 머물러 있지 않고, 곧 다른 무엇으로 바뀐다고

'마음은 그릇이다', '마음은 흐름이다' 라는 표현이 있다.
이 두 표현을 종합하면 마음은 무엇을 담는 그릇이지만
담긴 그 무엇은 그대로 머물러 있지 않고,
곧 다른 무엇으로 바뀐다고 정리할 수 있다.

최종 목표로 이어 주는 중간 목표를 많이 만들어 놓고,
이 작은 중간 목표들을 달성할 때마다
성취감과 행복감을 느끼도록 한다.

다섯 성공, 그 화려한 날갯짓을 위하여 「마음 붙들기」

정리할 수 있다. 이처럼 마음에 담긴 내용은 그대로 두면 정처 없이 이리저리 흘러간다. 하던 일을 멈추고 한번 여러분 마음을 지켜보라. 아마 마음은 1분도 같은 주제에 머물러 있지 않을 것이다. 그렇기 때문에 설정한 목표에 마음을 잡아 두려면 의지를 발동시켜야 한다. 하루에도 여러 번 속으로 목표가 무엇인지 되뇌며 각오를 새롭게 할 필요가 있다. 목표를 글로 써서 눈에 잘 뜨이는 곳에 붙여 놓는다든지, 식사 때마다 기도하는 시간을 갖고 목표를 상기하는 등 다양한 방법들을 활용할 수 있다. 다소 극단적인 방법일 수는 있겠으나, 복수하려는 마음을 잊지 않기 위하여 가시덤불 위에서 잠을 자고 쓸개를 맛보았다는 '와신상담'에 관한 고사는 아주 훌륭한 예다. 10억 벌기를 목표로 삼았다면, 마음에 자주 목표를 불러들이고 이 목표에 비추어 현재 생활을 다지며 단단히 줄을 당겨 두는 일을 되풀이하는 게 좋다.

다섯째, 최종 목표로 이어 주는 중간 목표를 많이 만들어 놓고, 이 작은 중간 목표들을 달성할 때마다 성취감과 행복감을 느끼도록 한다.

심리학에서는 상 또는 보상에 사람을 움직이는 아주 큰 힘이 들어 있다고 한다. 상을 받으면 자존감과 유능감이 생겨서 기분이 유쾌해지는데, 이런 기분은 자기 삶에 유익하다고 느끼기 때문에 상 받으려는 노력을 계속한다는 것이다. 따라서 최종 목표를 향해 가는 도중에 상을 받음으로써 스스로를 칭찬하고 격려할 수 있는 계기를 많이 만들어 놓을 필요가 있다. 작은 중간 목표들이 바로 이런 역할을 할 수 있다. 비교적 성취가 쉬운 작은 목표들을 달성할 때마다 뿌듯한 성취감을 느낄 수 있는데, 이 성취감은 마음을 단단히 잡아 놓아 다음 목표를 향해 나아가게 하는 튼튼한 동력이 된다. 10억을 벌기로 한 사람이 천만 원 단위로 중간 목표를 세워 놓고 스스로 자축 행사를 벌이고 있다면 이 원리를 잘 활용하는 셈이다.

여섯째, 같은 목표를 가진 사람들과 동호인 집단을 조직하여 함께 어울림으로써 마음이 식을 틈을 주지 않는다.

목표가 같은 사람들이 동호인으로 묶여 활동하면 여러 가지 좋은 점이 많다. 유익한 정보를 서로 교환할 수 있고, 서로 자극이 될 수도 있으며, 힘들고 지쳐 있을 때 서로를 위로해 줄 수도 있다. 홀로 하는 등산은 심심하고 재미가 없어서 그런지 곧 지쳐 버린다. 이때 말동무가 옆에 있으면 등산길이 한결 재미있고 발걸음도 가벼워진다. 혹시 사고가 나도 옆에 동무가 있으니 안심이 되고 위로도 된다. 이렇게 같은 길을 가는 사람은 여러 모로 도움이 된다. 따라서 동호인 행사에 참여하고 동호인들과 활발하게 교류를 이어감으로써, 목표를 마음 가까이 두는 것은 아주 좋은 방법이다. 동호인 중에 라이벌을 만들어 놓으면 효과가 더 커질 수 있다. 10억 벌기에 나선 사람이라면 인터넷 동호회를 뒤져서 회원으로 가입하는 일도 생각해 봄직하다. 잘 찾아보면 '부자 되기 동호회', '저축왕 동호회', '재산 형성 동호회' 등 유사한 이름을 단 동호회가 있을 법도 하다.

성공하는 비법을 이야기한다 해 놓고 온통 마음 붙드는 방법을 소개하였다. 마음을 잘 붙들어 놓으면 성공이 제 발로 찾아들기 때문이다. 성공은 하고 싶은데 뜻대로 되지 않는다고 불평하는 사람들은 무엇보다도 마음을 잘 들여다보라. 그리하여 실타래처럼 복잡하게 얽힌 마음을 잘 풀어 놓고 갈무리하여 '성공'에 집중하게 하라. 목표로 삼은 성공이 마음의 전경을 차지하는 시간과 비중이 커질수록 성공은 그만큼 가까이 다가올 것이다.

마음 붙들기를 잘 하라고 했더니 24시간 내내 마음을 붙들려고 하는 사람이 있다. 이는 현실적으로 불가능할 뿐 아니라 별로 바람직하지도 않다. 같은 주제로 마음을 24시간 채우고 있다면 그는 미친 사람이거나 아니면 곧 미쳐 버릴 사람이다. 마음은 원래 항상 동일한 내용을 담고 있지 못한다. 때로는 비워진 상태

마음 붙들기를 잘 하라고 했더니
24시간 내내 마음을 붙들려고 하는 사람이 있다.
이는 현실적으로 불가능할 뿐 아니라 별로 바람직하지도 않다.

로 쉴 수도 있어야 한다. 따라서 마음 붙들어 두기도 중요하지만 마음 놓아두기 역시 중요하다. 아니 마음 붙들기를 잘 하려면 거꾸로 마음 놓기를 잘 해야 한다고 말하는 편이 정확하다. 휴식을 취해 가벼워진 마음, 깔끔하게 비워진 마음이라야 새로운 내용을 온전하게 받아들일 수 있는 까닭이다.

　다음 장에서는 마음 놓기에 관해 말해 보자.

마음 붙들기를 잘 하려면 거꾸로
마음 놓기를 잘 해야 한다고 말하는 편이 정확하다.
휴식을 취해 가벼워진 마음, 깔끔하게 비워진 마음이라야
새로운 내용을 온전하게 받아들일 수 있는 까닭이다.

여섯

성공, 그 화려한 날갯짓을 위하여
「마음 놓기」

모든 것은 마음에 달렸다.
- 『佛經(불경)』 중에서 -

성공, 그 화려한 날갯짓을 위하여 「마음 놓기」

　새는 양 날개로 난다. 한쪽 날개만 있으면 균형 잡기도 어렵고 금방 지쳐 버리기 때문에 조물주가 그렇게 만들어 놓았을 것이다. 양 날개가 있어서 새는 자유롭게 움직이고 꿈을 향해 비상할 수 있다. 새에게 양 날개는 생명이요, 기쁨이다. 우리 마음도 이처럼 양 날개로 움직인다. 하나는 붙드는 날개, 다른 하나는 놓는 날개이다. 이 두 날개가 함께 잘 어우러져야 마음이 원하는 곳을 향하여 거침없이 훨훨 날아갈 수 있다.

하나는 붙드는 날개, 다른 하나는 놓는 날개이다.
이 두 날개가 함께 잘 어우러져야
마음이 원하는 곳을 향하여 거침없이 훨훨 날아갈 수 있다.

 여섯 성공, 그 화려한 날갯짓을 위하여 「마음 놓기」

붙드는 날개는 마음속에 무엇인가를 담아 놓고 집중하는 것을 뜻하며, 놓는 날개는 마음을 비우고 쉬는 것을 뜻한다. 한쪽은 바쁘게 무엇인가를 꾸미고 움직이는 작업 상태요, 다른 한쪽은 하던 작업을 팽개치고 늘어지는 휴식 상태다. 이 작업 상태와 휴식 상태가 조화를 이뤄야 마음이 제대로 기능할 수 있다. 잠시도 쉬지 않고 작업 상태를 계속 유지하면 마음은 곧 지쳐 버려서 아무 일도 할 수 없게 된다.

앞에서 우리는 성공하기 위한 방법으로 마음 붙들기에 대해 다뤘다. 마음이 성공에 쏠리고 거기에 집중해야 목표를 달성할 수 있기 때문이다. 그렇다고 해서 마냥 한 가지 목표에만 마음을 붙들어 두려 한다면 곤란하다. 그렇게 하면 마음이 곧 싫증을 내고 지쳐 버린다. 그래서 휴식이 필요하다. 일하다 잠시 쉬면 다시 힘이 솟는 것처럼 마음도 한참 활동하다 잠시 쉬면 다시 생기를 얻는다. 마음 붙들기를 잘 하는 비결은 거꾸로 마음 놓기를 잘 하는 데에 있다. 역설이지만 진리임에 틀림없다. 더 높이 뛰려면 더 많이 움츠

려야 하고, 더 멀리 던지려면 더 많이 뒤로 물러나야 하며, 더 많이 담으려면 더 깊이 비워야 하는 게 세상 이치다. 그러니 성공에 마음을 잘 붙들어 두기 위해서 마음 놓기에 대해 잘 알아 두자.

마음 놓기에는 '마음 쉬기'와 '마음 비우기'가 포함된다. 마음 쉬기는 한 가지에 집중하던 마음을 풀어 놓아 느슨하게 하는 것이며, 마음 비우기는 마음에 아무것도 담지 않고 그냥 허공처럼 비워 두는 것이다. 언뜻 보면 둘이 비슷해 보이는데 사실은 그렇지 않다. 마음을 이전과 다른 내용으로 채우는 것이 마음 쉬기라면, 마음에 든 내용들을 깨끗이 쓸어 버리려는 것이 마음 비우기다. 마음 쉬기는 비교적 수월하다. 쉴 틈 없이 흐르려는 마음의 속성을 자연스럽게 따라가면 되기 때문이다. 하지만 마음 비우기는 마음의 자연스런 흐름을 거슬러야 하기 때문에 상당한 노력과 수련이 필요하다. 자, 그럼 지금부터 마음을 쉬는 방법과 비우는 방법에 대해 조금 더 자세히 알아보자.

마음 쉬기는 마음이 쉴 수 있는 다른 활동에 몰입

한다는 뜻이다. 성공을 향해 바쁘게 움직이다가 잠시 쉬면서 성공과 전혀 관계가 없을 듯한 다른 활동으로 마음을 돌린다는 말이다. 이렇게 하면 팽팽하게 당겨졌던 마음이 확 풀어지면서 한결 가뿐해진다. 요즘 말로 쌓였던 스트레스가 확실하게 풀린다. 그렇다면 스트레스를 확 풀어 줄 마음 쉬기 전략에는 어떤 것들이 있을까? 몇 가지만 살펴보자.

첫째, 유머 감각을 키운다.

잘 살펴보면 우리 일상생활 속에는 웃음거리가 가득하다. 세상에 애정을 갖고 현실을 약간만 비틀어 보면 웃을 일을 곳곳에서 찾을 수 있다. 이렇게 웃을거리를 찾아 마음껏 웃을 줄 아는 사람에게 스트레스는 큰 힘을 쓰지 못한다. 그래서 유머 감각이 중요하다. 유머 감각을 키우려면 일단 마음을 밝게 갖고, 현실에서 일어나는 일을 약간씩 비틀어 보는 연습을 하며 유머에 대한 서적이나 TV 프로그램을 접하면 좋

놀이와 장난은
어린아이부터 노인에 이르기까지
모든 사람에게 활력소를 공급하는
중요한 휴식 수단이다.

 여섯 성공, 그 화려한 날갯짓을 위하여 「마음 놓기」

다. 때로는 일부러 엉뚱하다고 여겨지는 생각이나 행동을 해 보는 것도 도움이 된다. 우리는 세상을 너무 진지하게 산다. 익살, 해학, 위트, 넉살, 농담 등 모든 유머는 이 진지함을 누그러뜨리고 빡빡한 삶에 숨통을 틔워 주는 환풍기 역할을 한다. 성공을 향해 달려가는 사이사이 유머 감각을 발동시켜서 답답한 마음을 환기시키도록 하자.

둘째, 놀이와 장난에 빠져 든다.

놀이와 장난은 어린아이부터 노인에 이르기까지 모든 사람에게 활력소를 공급하는 중요한 휴식 수단이다. 놀이와 장난에 몰두하는 순간, 그동안 활발하게 움직이던 정신 에너지가 잠시 흐름을 멈추고 쉬는 효과가 있기 때문이다. 우리 주변에 놀거리와 장난거리는 아주 다양하다. 창의적인 사람에게는 일상생활에서 만나는 거의 모든 대상이 놀거리요, 장난거리가 될 수 있다. 숨 가쁘게 돌아가는 직장생활에서도 나름대로 놀이와 장난을 즐길 수 있다. 자기 몸을 가지고 장난치기, 동료와 가볍게 말장난하며 토닥거리기, 내기 걸기, 팔씨름 등 짧은 시간 머리를 식히며 빠질 수 있는 놀이 활동들이 많다. 성공을 향한 자신의 삶이 부담스럽게 다가올 때면 모든 것을 팽개치고 놀이와 장난에 빠져 보는 것도 좋은 방법이다.

셋째, 수다를 떤다.

수다 역시 마음에 쌓인 스트레스를 털어 내는 아주 효과적인 방법이다. 이것저것 가리지 않고 마음에 있는 말들을 마구 쏟아 내다 보면 마치 굴뚝에 쌓인 먼지가 깨끗하게 청소되듯 속에 쌓인 스트레스가 말끔하게 풀린다. 프로이트가 말하는 카타르시스가 다름 아닌 수다 떨기다. 그러므로 언제든 속을 털어놓을 수 있는 수다 친구를 하나쯤 정해 둘 필요가 있다. 그리고 그 친구 옆에서 진짜 수다를 떨어라. 체면이니 권위니 이미지 따위는 신경 쓰지 말고 정말로 속에 있는

이것저것 가리지 않고 마음에 있는 말들을 마구 쏟아 내다 보면
마치 굴뚝에 쌓인 먼지가 깨끗하게 청소되듯
속에 쌓인 스트레스가 말끔하게 풀린다.

스포츠도 좋고
음악, 미술, 공예, 화예, 요리 등등 무엇이든 좋다.
즐겁게 빠져 들어 시간을 보낼 수 있는
취미생활을 갖도록 하라.

여섯 성공, 그 화려한 날갯짓을 위하여 「마음 놓기」

내용들을 다 털어 내라. 특히 슬픈 일, 힘든 일, 답답한 일, 화나는 일이 있을 때면 미루지 말고 친구와 만나 수다를 떤다. 이 수다 떠는 일에는 남자 여자가 따로 없다.

넷째, 취미생활을 한다.

취미를 갖고 그에 몰두할 수 있다는 것은 일종의 행운이다. 취미활동 역시 에너지를 쓰는 활동이기는 하지만 좋아서 자발적으로 하는 활동이기 때문에 그 의미가 다른 활동과 전혀 다르다. 더구나 사람을 몰입시키는 경향이 있어서 다른 활동에 쓰는 에너지를 완전히 차단하는 효과가 있다. 취미활동을 하고 나면 에너지를 썼음에도 불구하고 오히려 활기가 살아나는 이유가 여기에 있다. 필자는 취미로 산악자전거(MTB)를 탄다. 무지 힘을 많이 쓰는 운동인데도 이 운동을 하고 나면 심신이 가벼워지고 머릿속에 창의적인 아이디어가 샘솟는다. 스포츠도 좋고 음악, 미술, 공예, 화예, 요리 등등 무엇이든 좋다. 즐겁게 빠져 들어 시간을 보낼 수 있는 취미생활을 갖도록 하라.

다섯째, 아주 크게 웃는다.

웃음 역시 생활에 커다란 활력소가 된다. 일부 의학자들은 웃을 때 몸에서 엔돌핀이라는 물질이 나와 스트레스가 풀리고 행복해진다고 주장한다. 웃음이 마음을 밝게 하는 효과가 있는 것은 분명하다. 울적할 때라도 잠시 웃는 표정을 짓고 있으면 마음이 달라진다. 최근 웃음으로 질병을 치료하려는 웃음치료가 유행하고 있다. 심지어 웃음으로 피부병까지 치료했다는 신문기사도 있다. 웃음은 평상시 자연스럽게 많이 웃는 것이 가장 좋지만 이따금 큰 소리로 손뼉을 치고 온 몸을 흔들며 의도적으로 웃어 보라. 혼자 웃는 것이 겸연쩍으면 같이 웃을 수 있는 웃음집단을 만들어 함께 웃을 수도 있다. 업무 사이사이 또는 쉬는 시간이나 점심시간 등 자투리 시간을 활용하여 실컷 웃어 보자.

여섯 성공, 그 화려한 날갯짓을 위하여 「마음 놓기」

여섯째, 출랑거린다.

    사람들은 나이가 들어 가면서 점차 자유로움과 천진난만함을 잃어 간다. 그리하여 인격과 행동이 틀에 박히고 딱딱하게 경직되어 버린다. 여기에 활기와 유연성을 불어넣는 좋은 치유방법이 어린아이처럼 출랑거리는 행동이다. 우스꽝스러운 느낌을 무릅쓰고 출랑거리다 보면 마음이 부드러워지고 삶이 즐거워진다. 출랑거리는 행동은 아주 다양하게 표현될 수 있다. 우스운 몸동작, 뒤뚱거리는 걸음걸이, 말의 리듬과 속도에 변화 주기, 이상한 억양 사용하기, 얄궂은 얼굴표정 짓기, 응석 부리기 등 각자 처한 상황에서 얼마든지 창의적인 표현이 가능하다. 출랑거리기는 익숙한 행동 틀을 깨는 데서 의미를 찾을 수 있지만, 일단 출랑거리려는 마음을 먹기만 해도 무언가 따뜻하고 편안한 느낌이 솟아오른다는 점에서 마음을 쉴 수 있는 아주 좋은 방법이다.

일곱째, 게으름을 부린다.

　움직이기를 싫어한다면 아무것도 하지 않고 그냥 가만히 있는 것도 괜찮다. 몸을 편하게 한 상태에서 마음 가는 대로 자신을 내버려 두는 것이다. 이렇게 하면 마음은 상상의 날개를 펴고 여기저기 날아다니는 자유를 누릴 수 있다. 목적에 매였던 마음을 느슨하게 풀어 줌으로써 휴식을 취하는 형태인데, 쉬울 것 같지만 막상 해 보면 그렇지도 않다. 잠시 게으름을 부리다 보면 어느 틈에 마음이 다시 바빠지는 게 보통이다.

　다음으로 마음 비우기에 대해 살펴보자. '마음 비우기'는 마음의 움직임을 정지시키고 고요한 상태를 유지하여 완전한 휴식을 얻게 하는 방법이다. 마음 쉬기를 잠자면서 꿈꾸는 상태에 비유한다면, 마음 비우기는 꿈도 없이 깊은 잠에 빠져 든 숙면 상태라 말할 수 있다. 완전한 휴식을 준다는 점에서 마음 비우기가

마음 비우기는 마음의 움직임을 정지시키고
고요한 상태를 유지하여 완전한 휴식을 얻게 하는 방법이다.

마음을 하나로 모아 특정 대상에 고요히 집중하는
명상을 집중명상이라고 한다.

여섯 성공, 그 화려한 날갯짓을 위하여 「마음 놓기」

아주 좋은 방법이기는 하지만 마음 쉬기에 비하여 공이 많이 들어간다는 단점도 있다. 마음 비우기는 '집중하기'와 '관찰하기' 두 가지 방법으로 나눌 수 있다. 집중하기는 마음을 하나로 모아 특정 대상에 고요히 집중하는 명상이고, 관찰하기는 자신에게 일어나는 여러 가지 현상을 차분히 관찰하고 지켜보는 명상이다. 전자를 집중명상이라 한다면 후자를 관찰명상이라 할 수 있다.

집중명상에는 아주 다양한 방법이 있다. 명상 백과사전이라고 말할 수 있는 『비야그나 바이라바 탄트라』에 소개된 명상법 중 상당수가 집중명상이라 할 수 있을 정도로 집중명상에 대한 사람들의 관심은 매우 높다. 여기서는 좌선법 위주로 집중명상을 하는 실제 과정 몇 가지만 살펴보자. 더 상세한 정보는 다른 명상 서적들을 참고하기 바란다.

● 호흡수 세기

첫째, 눈이 닿는 곳에 시계를 두고 필요할 때 바

라볼 수 있도록 한다.

둘째, 척추를 똑바로 곧추세우고 앉는다.

셋째, 마음을 돌이켜 지금 이 자리에 집중하면서 여섯 번 천천히 긴 호흡을 한다.

넷째, 명상을 시작한다. 눈을 감고 코를 통해 평소에 하듯 호흡을 한다. 명상이 깊어짐에 따라 호흡 역시 깊어진다. 침묵한 채 자신의 온 주의를 다 기울이고 다음과 같이 속으로 세며 숨을 쉰다.

숨을 들이쉬며 '하나' 숨을 내쉬며 '그리고'

숨을 들이쉬며 '둘' 숨을 내쉬며 '그리고'

숨을 들이쉬며 '셋' ……

이런 방식으로 계속해서 열 번을 한 단위로 호흡을 세어 나간다. 잠시 정신을 다른 데 팔아 헤아리던 수를 잊어버리면 기억나는 부분부터 다시 호흡을 센다.

다섯째, 다른 생각들이 들어오면 즉시 털어 내고 다시 호흡 세기에 정신을 집중한다. 생각이 다른 곳을 향하고 있음을 아는 즉시 다시 호흡수 세기로 돌아오라. 절대 실망하거나 자책할 필요가 없다. 혹, 몸이 가

렵거나, 움직이고 싶거나, 하품이 나오면 억지로 참지 말고 그렇게 하라.

여섯째, 편안히 이완된 상태를 유지하되 깨어 있으라. 자세를 유지하고 열심히 호흡수 세기를 진행하면서 그 과정을 즐기도록 하라.

일곱째, 매일 하루에 15분씩 반복한다. 이것이 어렵다면 일주일에 다섯 번씩 규칙적으로 수행한다. 시간을 확인하기 위하여 시계를 볼 수도 있다.

여덟째, 명상을 멈춘다. 서두르지 말고 천천히 일상의 생각과 활동으로 되돌아간다. 자세를 풀고 자리를 떠나기 전에 잠시 여유를 갖는다.

● 만트라 명상

첫째, 만트라 명상은 소리를 내며 수행하는 명상이므로 아무도 방해할 수 없는 비밀스런 장소를 찾는다.

둘째, 척추를 곧바로 세우고 앉는다.

셋째, 편안히 이완된 상태에서 천천히 그리고 길게 여섯 번 호흡한다.

넷째, 눈을 감는다.

다섯째, 명상을 시작한다. 숨을 한 번 내쉴 때마다 아주 부드럽게 그러나 큰 소리로 '아움(AUM)' 소리를 반복한다. 이 낱말에는 '아', '우', '음' 소리가 들어 있다. 이완됨에 따라 숨은 길어지고 그에 따라 만트라도 길어진다. 이런 과정을 통해 자신에게 가장 자연스럽고 발음하기 쉬운 음의 높이를 찾아낼 수 있다. '아움' 소리에 초점을 맞추고, 그 소리에 점점 더 깊이 빠져 들어가라. 점차 그 소리를 속삭임으로 뒤바꾸고, 결국에는 아무 소리 없이 상상속에서 그 소리가 펼쳐질 수 있도록 하라.

여섯째, 자세를 유지하고 깨어 있으라.

일곱째, 처음 2주 동안에는 매일 15분간 명상한다. 그 후에는 시간을 늘려도 좋다.

여덟째, 명상을 멈춘다. 천천히 일상생활로 돌아온다.

● **연꽃잎 명상**

첫째, 자신이 중요하게 여기거나 흥미를 느끼는 중심개념을 하나 고른다. 사랑, 가족, 성공, 우정, 조화, 행복, 자연, 가정, 휴식, 자유, 헌신, 평화 등 자신과 연관하여 긍정적 의미를 가진 추상개념을 선택한다. 우울, 슬픔, 상실, 공허, 무의미 따위의 부정적 개념은 사용하지 않는다. 추상개념을 선택하는 것이므로 남편, 친구, 애인, 직장상사 등 구체개념도 피해야 한다.

둘째, 척추를 곧바로 세우고 앉는다.

셋째, 편안히 이완한 상태에서 천천히 그리고 길게 여섯 번 호흡한다.

넷째, 눈을 감는다.

다섯째, 명상을 시작한다. 하나의 중심과 수많은 꽃잎이 이를 둘러싸고 있는 연꽃을 상상하라. 앞에서 선택한 개념을 연꽃의 한가운데에 놓고, 편안히 이에 대해 숙고하며 기다리라. 하나의 생각이 그 개념과 연관되어 떠오르면 연꽃의 첫 번째 꽃잎 위에 그 생각을 취하고, '중심개념'과 그 '생각' 그리고 그 둘 사이의 연관성을 3, 4초간 숙고하라. 그 다음, 그를 떠나서 연꽃의 중앙 즉, 자신의 중심개념으로 돌아오라. 예를 들어 '사랑'을 중심개념으로 삼고 있는데 이와 연상된 첫 번째 생각이 '애인'이라면, 첫 번째 꽃잎 위에 '애인'을 취하고 '사랑'과 '애인' 그리고 이 둘 사이의 연관성을 3, 4초간 숙고한 후 다시 중심개념인 '사랑'으로 돌아간다. 다음 연상이 떠오르면 두 번째 꽃잎 위에 그 생각을 취하고, 이를 숙고한 다음 다시 중심개념으로 돌아온다. 이런 방식으로 명상을 계속한다.

중심개념과 각각의 연상된 생각 사이에 뚜렷한 연관성을 발견하지 못할 수도 있다. 그러나 이 문제에 그다지 신경 쓸 필요는 없다. 중요한 것은 3, 4초 숙고한 후 각각의 생각을 떠나 중심개념으로 되돌아와 다음 생각을 기다리는 것이다.

여섯째, 자세를 유지하고 깨어 있으라.

일곱째, 매일 15분간 명상한다. 그 후에는 시간을 늘려 나가도 좋다.

여덟째, 명상을 멈춘다. 천천히 일상생활로 돌아온다.

자신이 중요하게 여기거나 흥미를 느끼는 중심개념을 하나 고른다.
사랑, 가족, 성공, 우정, 조화, 행복, 자연, 가정, 휴식, 자유, 헌신, 평화 등
자신과 연관하여 긍정적 의미를 가진 추상개념을 선택한다.

아홉째, 명상을 할 때마다 중심개념을 바꾸어도 좋고 그대로 두어도 좋다.

집중명상은 일정한 시간을 따로 내야 하므로 일상생활 속에서 자연스럽게 집중하기 어렵고 명상이 일상생활을 방해한다는 단점이 있다. 이에 비해 관찰명상은 일어나는 현상들을 있는 그대로 주시하는 명상이므로 일상생활 어느 곳, 어느 때나 수행할 수 있다. 아울러 관찰명상은 방법이 복잡하지 않고 간단하므로 비교적 쉽게 행할 수 있다는 장점도 있다. 관찰명상에 속하는 것이 위빠사나다. '위빠사나(vipasyana)'는 원래 산스크리트 어로 '사물을 분별하여 달리 집착하지 않는다'는 뜻이다. 즉, 자신에게 일어나는 온갖 현상이나 대상들에 대하여 마음을 매어 두고 관찰하면서도 특별히 그에 집착하지 않는 것이 위빠사나다. 위빠사나는 주의 깊게 관찰해야 할 대상으로 네 가지 즉, 몸(身), 느낌(受), 마음(心), 법(法)을 꼽고 있다. 여기서는 느낌에 대한 위빠사나 관찰명상을 살펴본다.

● 느낌 관찰

우리가 느낌을 통해 받아들이는 것을 어떻게 관찰하여 거기에 머물 것인가? 즐거움을 느끼면 '나는 즐거움을 느낀다'고 알아차리고, 괴로움을 느끼면 '나는 괴로움을 느낀다'고 알아차리며, 괴롭지도 즐겁지도 않음을 느끼면 '나는 괴롭지도 즐겁지도 않음을 느낀다'고 알아차린다. 혹은 몸에 괴로움을 느끼면 '나는 몸에 괴로움을 느낀다'고 알아차리고, 정신에 괴로움을 느끼면 '나는 정신에 괴로움을 느낀다'고 알아차리며, 몸이 괴롭지도 즐겁지도 않게 느껴진다면 '나는 몸에 괴롭지도 즐겁지도 않은 느낌을 받는다'고 알아차린다. 이처럼 안으로 받아들이는 느낌에 대해 관찰하여 거기 머물고, 밖으로 받아들이는 느낌에 대해 관찰하여 거기 머물며, 또한 안과 밖의 모든 느낌에 대해 관찰하여 머문다. 혹은 생겨나는 느낌을 관찰하면서 거기 머물고, 사라지는 느낌을 관찰하면서 거기 머물며, 또한 생겼다가 사라지는 느낌을 관찰하면서 거기 머문다.

앞에서 언급했듯이 관찰명상은 자신에게 일어나는 현상들을 마치 제3자의 입장에서 영화 구경하듯 바라보는 방법이다. 재미있는 것은 이처럼 마음을 관찰하기 시작하면, 마음은 종전에 가졌던 막강한 힘을 잃어버리기 시작한다. 자신에게 일어나는 분노 현상을

이따금 성공에 집착하던
마음을 벗어 던지고 푹 쉴 줄 알아야
성공에 한 걸음 더 다가설 수 있다는
진리를 무시하지 말자.

여섯 성공, 그 화려한 날갯짓을 위하여 「마음 놓기」

관찰하기 시작하면 어느 틈에 분노가 사라지는 이치가 여기에 있다. 주체로 작용하던 마음이 객체화되면서 마음이 깨끗하게 비워져 고요한 상태에 이르게 된다.

지금까지 마음 놓기에 대한 구체적인 방법과 전략을 다소 길게 다루었다. 그 개념과 방법에 대해 사람들이 잘 모른다고 여겼기 때문이다. 몸과 마찬가지로 마음도 휴식을 취해야 활발하게 움직일 수 있는 힘을 얻는다. 마음 놓기는 바로 이 휴식을 제공한다. 아울러 그동안 마음이 사로잡혔던 사태를 객관적으로 볼 수 있는 여유를 준다. 직접 바둑을 두는 사람 눈에 보이지 않는 묘수가 옆에서 훈수 두는 사람에게 잘 보이는 것은, 바둑 게임에서 한 걸음 물러나 있어서 사태를 보다 객관적으로 대할 수 있는 까닭이다. 성공이라는 목표에 마음이 붙들려 있기만 해서는 오히려 성공으로부터 멀어질 수 있다. 이따금 성공에 집착하던 마음을 벗어 던지고 푹 쉴 줄 알아야 성공에 한 걸음 더 다가설 수 있다는 진리를 무시하지 말자.

일곱

행복한 성공을 위하여!

우리는 행복이란 제품을 만들 수 있는
재료와 힘을 자신 속에 지니고 있으면서도
기성품의 행복만을 찾고 있다.
- 알렝 -

행복한 성공을 위하여!

이제 이 책의 두 가지 중심 키워드인 행복과 성공을 결합시킬 때가 되었다. 다시 말해, '행복한 성공'의 의미를 보다 상세히 밝히고 그렇게 사는 구체적인 길을 제시할 때가 된 것이다.

필자는 앞에서 행복은 기분 좋은 느낌이요, 성공은 목표 달성이라고 말했다. 따라서 행복한 성공은 목표를 달성하면서 기분 좋은 느낌으로 사는 삶을 뜻한다. 행복과 성공의 관계를 의식하는 정도는 사람에 따라 다르겠지만, 사람의 '욕구'와 관련지어 보면 성공은 행복과 뗄 수 없는 관계에 놓여 있다. 행복은 성공이 지향하는 가장 큰 목표이며, 성공은 행복으로 안내하는 나침반이다. 온 지구를 다 뒤져도 불행하기 위해 성공하려는 사람은 하나도 없다. 단, '행복한 성공'이 사람들의 삶 속에서 충실하게 실현되려면 중요한 조건이 하나 있다.

성공으로 향하는 걸음걸음 하나에 행복함이 묻어나야 한다. '성공을 했더니 기분이 좋다'는 결과뿐 아니라 '성공을 향해 한 걸음씩 내딛는 데서 기분 좋은 느낌이 드는' 과정이 있어야 한다는 말이다. 정말 행복한 성공은 성공으로 달려가는 지금 이 순간에 행복을 느끼게 해 주어야 한다. 그리하여 '지금'의 행복 속에서 '나중'에 올 행복을 미리 맛보고 누릴 수 있어야 한다.

행복한 성공을 하려면 성공의 양 날개 즉, 마음 붙들기와 마음 놓기를 잘 활용해야 한다. 마음에 성공이라는 목표를 잘 갈무리해 두어야 할 뿐 아니라 그 마음이 지치지 않도록 마음 쉬기와 마음 비우기를 잘

'성공을 했더니 기분이 좋다'는 결과뿐 아니라
'성공을 향해 한 걸음씩 내딛는 데서
기분 좋은 느낌이 드는' 과정이 있어야 한다.

두 날개가 조화를 이루며
리드미컬하게 변화과정을 이끌어 갈 때
행복한 성공은 이미 실현되고 있는 셈이다.

 일곱 **행복한 성공을 위하여!**

해 주어야 한다. 아울러 두 날개가 조화롭게 움직여야 한다. 두 날개가 조화를 이루며 리드미컬하게 변화과정을 이끌어 갈 때, 행복한 성공은 이미 실현되고 있는 셈이다. 그렇다면 성공의 양 날개가 조화를 이루며 리드미컬하게 변화과정을 이끌어 갈 수 있는 비결은 없을까?

필자는 이 질문에 대한 답을 금강경에서 찾았다. '머무는 바 없이 마음을 내라' 또는 '마음을 내되 거기에 머물지 마라'로 해석되는 '응무소주 이생기심(應無所住 而生其心)'이 그 답이다. 여기에서 우리는 마음에 대한 두 가지 태세를 찾을 수 있다. 하나는 마음을 '일으키는' 것이요, 다른 하나는 '머물지 마라'는 것이다. 앞에서 필자가 사용한 용어로 바꾸어 말하면 마음 붙들기, 마음 놓기와 같은 의미이다. 금강경은 이 둘을 어떻게 조화시켜야 하는지 그 요령까지도 제시하고 있다. 마음 붙들기와 마음 놓기를 동시에 하라고 권한다. 이는 마음을 붙드는 동시에 놓으라는 말이다. 언뜻 들으면 모순적인 이 말속에 행복하게 사는 비결이 들어 있다. 자, 그럼 이 말이 무슨 뜻인지 좀 더 자세히 살펴보자.

마음은 어떤 대상을 만나면 움직이기 시작한다. 그 대상이 바깥에 있든 개인 내부에 있든 대상과 만나면서 자연스럽게 마음이 일어난다. 이렇게 일어난 마음은 시간이 지나면, 또는 에너지가 쏠리는 다른 대상을 만나면 자연스럽게 소멸된다. 즉, 자연스럽게 일어나서 자연스럽게 소멸되는 것이 마음의 특성이다. 따라서 처음 마음이 생길 때 그랬듯이 소멸되는 마음도 그냥 내버려 두면 된다. 문제는 소멸되는 마음을 그냥 내버려 두지 못하고 억지를 써서 꽉 붙잡고 늘어질 때 발생한다. 이렇게 하면 마음에 남아 짐이 되는 대상들이 많아져 몹시 힘이 든다. 아울러 새롭게 접하는 대상에 순전하게 마음 쏟는 일이 어려워진다. 그리하여 마음이 혼란스럽고 늘 지치게 된다.

결국 억지를 써서 꽉 붙잡고 늘어지는 마음, 다시 말해 '집착(執着)'이 문제다. 그냥 흘러가야 할 대상에 마음을 매어 놓고 희·로·애·락에 빠져 있으니 자유로울 수가 없다. 이렇게 집착하는 대상이 많아질수록 마음에 부담이 커지고 삶이 괴로워진다. 길동이의 '화' 나는 경우를 예로 들어 보자.

"친한 친구와 농담을 주고받다가 친구가 내 자존심에 상처 주는 말을 했다. 순간 화가 치밀어 오른다. 처음에는 참았는데 생각할수록 화가 난다. 그래서 친구에게 다소 거친 말을 하며 화를 냈다. 화를 내다 보니 분이 치솟고 더 약이 오른다. 전에 그 친구에게 섭섭하게 느꼈던 사건들까지 한꺼번에 떠오르면서 분노가 폭발한다. 앞으로 다시는 안 볼 것처럼 친구에게 욕을 하고 절교를 선언한다. 하지만 시간이 지나 흥분이 가라앉고 나니 그 친구에게 미안한 마음이 생긴다. 이제 어떻게 하면 그 친구에게 사과하고 다시 예전으로 돌아갈까를 고민한다."

살다 보면 마음에 '화'가 일어나는 것은 어쩔 수 없다. 그런데 마음에 일어나는 '화'를 어떻게 처리하느냐에 따라 그 '화'가 우리에게 머무는 시간에 차이가 난다. 길동이가 '화'를 느낀 이후 친구와 다시 화해하기까지 걸린 시간은 총 사흘인 72시간이라고 치자. 그렇다면 길동이의 마음은 이 사흘 동안 '화'에 머문 셈이 된다. 만일 길동이가 '화'를 느끼고 적절하게 화를 낸 후 바로 이 사건에서 벗어났다면, 그가 '화'에 머물렀던 시간은 기껏해야 1시간 정도라고 말할 수 있다. 1시간과 72시간의 차이, 바로 집착하는 마음이 만들어 낸 차이다. 그렇다면 길동이는 친구에게 난 화를 어떻게 1시간 만에 풀어 버릴 수 있을까?

"친한 친구와 농담을 주고받다가 친구가 내 자존심에 상처 주는 말을 했다. 순간 화가 치밀어 오른다. 그래서 친구에게 화를 낸다. 단, 왜 화가 났는지 이유를 설명하면서 화를 낸다. 그 사이 내가 '머무름 없이 화를 내고 있는지' 유의하며 내 기분의 움직임을 잘 지켜본다. 한편으로 화를 내면서 다른 한편으로 그런 자신의 모습을 객관적으로 관찰하는 것이다. 점차 화가 수그러들고 화내는 자신이 싱겁게 느껴진다. 친구는 화내는 나의 모습을 보고 처음에는 이해할 수 없다는 표정을 짓다가 차차 알아듣는다. 곧 마음이 가라앉

왜 화가 났는지 이유를 설명하면서 화를 낸다.
그 사이 내가 '머무름 없이 화를 내고 있는지' 유의하며
내 기분의 움직임을 잘 지켜본다.

고 정상적인 상태로 돌아온다."

 화뿐 아니다. 즐거움, 괴로움, 슬픔, 기쁨, 답답함, 역겨움, 짜증, 우쭐함, 연민, 후회, 아쉬움 등 마음에서 일어나는 모든 감정을 이렇게 대하면 이들이 마음에 머무는 시간이 무척 짧아진다. 어디 감정과 느낌만 그렇겠는가? 대상을 접할 때 일어나는 온갖 마음이 모두 다 그렇다. 일단 마음이 일어나면 그에 따라 움직이면서 동시에 그 움직임을 잘 지켜보고 그냥 흘러가게 내버려 두라. 그러면 그 마음이 나를 차지하는 시간이 짧아지는 동시에 그 마음에 자신이 휘둘리는 사태에서 벗어날 수 있다.

 그런데 '머물지 않고 마음 내기'를 잘 하려면 평소 자신의 마음을 솔직하게 대하고 마음이 원하는 바를 충실히 표현하는 습관이 들어야 한다. 그러면 가림이 조금씩 없어지면서 마음이 점차 투명해진다. 평소 어떤 사람에게 불만이 있으면 그에게 그때그때 불만을 털어놓는 게 좋다. 상대방이 받아들이거나 말거나 마음속에 있는 불만을 스스로 인정하고 드러내 표현함으로써 마음을 찌꺼기 없이 투명하게 지킬 수 있다. 이래야 다른 일로 상대방을 대할 때도 막힘이 없다. 마음에 불만이 있음에도 이를 무시하거나 꽁 하고 가두어 두면 그 불만은 마음속 어딘가 쌓여 있다가 이상한 때에 이상한 방법으로 터져 버린다.

게슈탈트 심리학을 창시한 펄스는 '지금 여기'의 삶을 매우 강조한다. 펄스가 말하는 '지금 여기'의 삶은 마음에서 일어나는 욕구가 있으면 숨기지 말고 바로 그때, 그 자리에서 충족시키라는 뜻으로 해석된다. 마음에 욕구가 일었는데도 지금 여기서 충족시키지 않으면 결국 그 욕구는 미완성 과제(unfinished business)로 남아서 계속 심리 에너지를 빼앗아 간다. 그리하여 펄스는 자신의 감각, 느낌, 생각, 욕구를 접촉하고 이를 즉석에서 만족시키는 즉흥적인 삶을 찬양한다. 이런 삶이 집착과 억압 그리고 왜곡된 판단으로부터 벗어난 투명한 삶, 자유로운 삶을 살 수 있게 한다고 믿었기 때문이다. 실제로 펄스는 『in and out of the

게슈탈트 심리학을 창시한 펄스는 즉흥적인 삶을 찬양한다.
이런 삶이 집착과 억압 그리고 왜곡된 판단으로부터 벗어난
투명한 삶, 자유로운 삶을 살 수 있게 한다고 믿었기 때문이다.

일곱 행복한 성공을 위하여!

garbage pail』이라는 서적을 저술하는 동안, 지금 여기서 일어나는 글쓰기 욕구를 충실하게 따르는 모습이 어떤 것인지 스스로 모범을 보여 주고 있다. 불과 3개월 만에 이 책을 완성하는 괴력을 보이면서…….

어떤 사람들은 부정적인 마음은 아예 표현하지 않는 것이 좋다고 말한다. 해 봤자 마음이 더 찝찝해지고, 상대방을 불쾌하게 만들기 때문이란다. 일리 있는 말이다. 앞에서 말한 바대로 부정적인 감정에 집착하며 마구 휘둘릴 때 그 감정을 표현하면 오히려 타오르는 불에 기름 붓는 꼴이 될 수 있다. 하지만 속에 분명히 느끼는 감정을 그냥 가둬 두고 있으면 이는 C형 암을 유발하는 것같이 큰 스트레스가 될 수도 있다. 그렇다면 제일 좋은 방법은 무엇인가? 그 답은 '머무름 없이 마음을 내는' 자세로 부정적인 감정들을 표현하며 지켜보는 것이다. 그리고 그 마음이 다 표현되면 미련 없이 털어 버리고 투명한 자세로 다시 새롭게 세상을 대하면 된다.

성경에 보면 예수가 엄청 화를 내는 장면이 나온

다. 예배를 하는 성스러운 곳에서 판을 벌이고 장사하는 사람들을 보며 분노를 폭발시키는 장면이다. 성인인 예수도 화가 나면 화를 냈다. 다만 화를 낼 때 그 목표가 분명하고, 화낸 후 그 뒤처리가 깔끔하다는 점이 보통 사람들과 다르다. 화낼 때는 불처럼 화를 내다가도 돌아서면 어느새 잊어버리고 또 다른 목표를 향해 움직이는 예수의 감정 표현법은 '머무름 없이 마음을 내는' 행동 그대로다.

'머무름 없이 마음 내는' 행동이 익숙해지면 참 자유로워진다. 세상 어느 것에도 매이는 바가 없기 때문이다. 마음에 일어나는 온갖 것들은 순간 그 자리에서 존재할 뿐 흔적을 남기지 않고 사라진다. 그러니 마음은 늘 순수하고 투명하게 새로운 대상을 만날 준비가 되어 있다. 물론 보통 사람들이 '머무름 없이 마음 내는' 행동을 완전하게 실행할 수는 없지만, 이런 태도를 간직하기만 해도 벌써 마음이 가벼워지고 자유로움이 느껴진다.

마음이 순수하고 투명해지면 정말 '산은 산이요,

물은 물이다.' 즉, 산이 산으로 보이고 물이 물로 보이는 것처럼, 세상 모든 것들이 본래의 제 모습 그대로 보인다는 말이다. 마음에 무엇인가 머물러 있으면 세상만사가 여기에 굴절되어 제대로 비치지 않는다. 그 무엇이 마음에 걸려서 신경 쓰는 일이 생기면 주변 사람의 말이 하나도 들어오지 않는 경험을 해 본 적이 있을 것이다. 주변 사람의 말이 하나의 사실로 존재함에도, 마음에 다른 것이 머물러 있으니 제대로 들리지 않는다. 실연에 빠진 청년이 보는 산은 그냥 산이 아니라 연애의 추억이 서린 데이트 장소요, 익사사고로 아들을 잃은 사람이 보는 물은 그냥 물이 아니라 아들을 잡아간 악마다. 이렇게 마음에 무엇이 머무르고 있는 한 세상만사를 있는 그대로, 객관적으로 보기가 힘들다. 추억, 경험, 선입견, 편견, 고정관념, 주관, 판단 기준, 해석 등 무엇이라고 불러도 좋다. 마음에 그런 것들이 머물러 있는 한, 투명하게 있는 그대로 무엇인가를 바라보는 일은 아예 불가능하다. 따라서 자신에 대하여, 주변 사람들에 대하여, 그리고 온 세상에서

마음에 무엇인가 머물러 있으면
세상만사가 여기에 굴절되어
제대로 비치지 않는다.

 일곱 행복한 성공을 위하여!

벌어지는 일들에 대하여 정확히 판단하고 적절하게 대응하는 일 역시 어렵다.

행복한 성공의 비결은 '머무름 없이 마음을 내기'에 달려 있다. 일단 이런 자세를 가지면 기분 좋은 느낌과 늘 함께할 수 있다. 게다가 마음이 투명해져서 사태를 객관적으로 관찰하고 정확하게 현실을 판단하는 일이 가능해지므로, 성공을 위해 필요한 여러 가지 조치들을 적절하게 취할 수 있다. 그러므로 행복한 성공을 하고 싶으면 머무름 없이 마음을 내라. 그게 어떻게 하는지 의문이 생기는 사람을 위하여 행복한 성공에 초점을 두고 지금까지 말한 내용을 요약해 보자.

일단 행복한 성공이 무엇인지 잘 이해한다. 행복한 성공에 대한 그림이 분명하게 그려지면 행복하게 성공하려는 마음을 낸다. 행복한 성공을 향하여 계획을 짜고 구체적인 행동을 시작하면서 마음을 붙들어 나간다. 이렇게 하면서 자신의 마음을 잘 살핀다. 성공해야겠다는 부담으로 마음이 무거워지거나 생각이 복잡해지면 자신이 집착하고 있음을 알아차린다. 이때는 재빨리 마음 쉬기와 마음 비우기를 통해 성공하려는 마음을 놓아 버린다.

반면, 성공을 향한 발걸음이 가볍고 기분 좋은 느낌이 이어지면 제대로 길을 가고 있다고 여겨도 좋다. 그러니까 행복한 성공을 향해 가고 있는지 판단하는 기준을 기분 좋은 느낌에 두라. 성공을 향한 중간 과정이 힘들고 어려워도 마음이 가볍고 기분 좋으면 올바로 길을 가는 것이다. 하지만 힘은 들지 않는데도 마음에 무엇이 얹힌 것같이 켕기고 짐스럽다면 어딘가 잘못된 것이다. 이때는 마음의 움직임을 잘 살피고 지켜보면서 거기 머물러 있는 것들을 빨리 풀어낸다. 만일 이런 상태가 계속되면 목표 자체를 수정할 수도 있다.

🌸 10억 벌기를 목표로 삼았다고 하자. 그러면 먼저 이 목표가 타당하고 합리적인 것인지 면밀하게 살핀 후 그 달성 가능성도 객관적으로 검토한다. 결심이 서

행복한 성공을 향하여 계획을 짜고
구체적인 행동을 시작하면서
마음을 붙들어 나간다.

고 구체적인 계획이 마련되면 이제 10억 벌기라는 행복한 성공을 마음에 붙들고 발을 내딛는다. 목표를 향해 달려가면서 마음의 움직임을 자세히 살핀다. 이 과정에서 마음이 가볍고 기분 좋은 느낌이 끊어지지 않으면 문제가 없다. 계획에 따라 이리저리 돈을 벌고 머리를 써서 번 돈을 굴리고, 또 돈을 아껴 쓰려니 힘든 때가 한두 번이 아니지만 마음이 무겁거나 나쁜 기분이 들지 않는 한 문제는 없다.

그런데 어느 시점부터 상태가 달라진다. 이 짓을 왜 하는가 싶고 마치 자신이 돈 버는 기계가 된 것 같아 짜증이 난다. 성공에 집착하는 마음이 생기면서 행복이 사라진 것이다. 이렇게 되면 곧바로 마음 쉬기와 마음 비우기를 활용해서 성공하려는 마음을 놓아둔다. 그래도 무거운 마음이 가라앉지 않으면 10억 벌기라는 목표 자체를 재검토한다. 목표가 너무 큰지, 목표 달성 시기를 너무 짧게 잡았는지, 아니면 중간에 이 목표가 의미 없는 것으로 바뀌었는지 등 여러 가지 이유를 찾아보고 그에 알맞게 목표를 수정한다.

🌸 행복한 성공은 처음 시작할 때 이미 그 결과를 맛볼 수 있는 그런 성공이다. 기분 좋은 느낌의 강도에서는 차이가 있을지언정 그 맛은 처음부터 끝까지 변하지 않는다. 기분 좋게 행복한 느낌을 이처럼 꾸준히 이어 갈 수 있는 비결은 바로 '머무름 없이 마음을 내는' 생활에 있다. 이처럼 생활할 줄 아는 사람은 모든 매임으로부터 자유롭고 참 투명하다. 그리하여 주변에 있는 사람들에게도 영향을 끼친다. 성공도 하고 좋은 기분으로 자유롭게 살면서 주변 사람들에게 존경받고 싶은가? 그렇다면 가만히 앉아 따지지만 말고 '마음을 내되 머무름이 없는' 생활에 푹 빠져 보라.

여덟

운전사도 행복한 성공을 할 수 있다

인생은 경주가 아니야.
누가 1등으로 들어오느냐로
성공을 따지는 경기가 아니지.
네가 얼마나 의미 있고
행복한 시간을 보냈느냐가
바로 인생의 성공 열쇠란다.
- 마틴 루터 킹 -

운전사도 행복한 성공을 할 수 있다

『마시멜로 이야기』의 주인공 찰리는 성공하기 위하여 운전사 직업을 버리고 대학에 등록한다. 운전사로는 돈을 많이 벌어 행복하게 살 수 있는 재벌이 될 수 없다고 생각했기 때문이다. 물론 이렇게 살도록 찰리를 부추긴 사람은 이미 재벌로 행세하는 조나단이다.

이렇게 전개되는 책의 결론을 읽으면서 좀 이상한 생각이 들었다. '운전사를 직업으로 가진 사람은

운전사를 직업으로 가진 사람은 행복으로부터
멀리 떨어져 있는 사람들이고, 재벌은 무조건 행복한 사람들인가?

 여덟 운전사도 행복한 성공을 할 수 있다

행복으로부터 멀리 떨어져 있는 사람들이고, 재벌은 무조건 행복한 사람들인가?'라는 의문이다. 매스컴을 통해서 행복하게 잘 살아가는 운전사의 이야기를 전해 듣기도 하고, 감옥을 들락거리며 몰락하는 불행한 재벌들에 대한 이야기도 종종 듣고 있는데, 왜 이 책은 현실과 다른 메시지만을 전해 주고 있는지 궁금하다.

혹시 이렇게 생각하기 때문이 아닐까? '행복의 전제 조건은 돈이다. 반드시 돈이 있어야 행복질 수 있다. 따라서 먼저 돈을 벌어야 한다. 물론 그 돈은 많을수록 좋다. 그런데 돈을 많이 벌려면 운전사를 해선 어림도 없다. 최소한 전문직으로 진출해야 돈벌이에 성공해서 재벌이 되는 꿈을 키울 수 있다. 우선 그 첫걸음으로 대학에 등록해서 재벌로 크는 길을 개척해야 한다.'

그렇다면 우리는 행복해지기 위해서 지금 하는 모든 일을 그만두고 재벌이 되는 길로 들어서야 한다. 재벌이 우리 사회의 0.1% 정도라고 한다면, 그 0.1%에 속하지 않는 사람들은 직업을 바꾸고 큰 돈벌이에

나서야 한다. 소유한 돈의 양에 행복이 달려 있다는데 누구인들 돈을 향해 달려가지 않을까? 그러니 운전사를 해서는 어림도 없다. 어디 운전사만 그런가? 공무원, 교사, 기업체 직원, 청소부, 소규모 자영업자, 성직자 등 거의 모든 직업에 종사하는 사람들도 마찬가지다.

참으로 다행스런 사실은 행복이 소유한 돈의 양에 달려 있지 않다는 데 있다. 행복으로 가는 길에 돈이 필요할 수도 있지만 돈이 곧바로 행복을 보장해 주지는 않는다. 아니 조금 과장해서 말하면 행복과 돈은 별 상관이 없다. 얼마 전 뉴스에서 가난한 사람들이 부자들보다 행복감을 더 많이 느낀다는 소식을 들은 적이 있다. 몇 년 전에는 가난한 나라로 알려진 방글라데시 사람들이 부자 나라인 미국 사람들보다 행복지수가 높게 나타났다는 신문기사가 난 적도 있다. 이런 자료를 가지고 행복과 소유한 돈의 양은 반비례한다고 억지 주장을 펼 생각은 없다. 다만 행복과 돈의 관계에 대한 우리들의 시각이 잘못되었을 가능성이 있다고 인정하는 편이 좋을 듯하다.

참으로 다행스런 사실은
행복이 소유한 돈의 양에 달려 있지 않다는 데 있다.
행복으로 가는 길에 돈이 필요할 수도 있지만
돈이 곧바로 행복을 보장해 주지는 않는다.

그렇다고 해서 돈을 벌지 말자거나 행복이 우선이니까 돈 없이도 행복하게 사는 법을 배우자고 주장하고 싶지는 않다. 무소유의 삶이 갖는 가치와 그렇게 살아가는 법에 대해서는 이미 많은 분들이 좋은 말씀을 해 왔다. 정말 그분들의 말씀대로 살 수 있다면 행복은 그리 멀리 있지 않다. 하지만 '성공'이 신화가 된 오늘날 무소유를 역설하는 일은 다소 공허하고 세상 물정 모른다는 소리를 듣기 십상이다. 성직자들이야 그렇게 사는 게 본분이지만, 속계에서 세상살이 하는 사람들로서는 받아들이기가 쉽지 않다. 이 책에서 성공과 행복 또는 '소유'와 '누림'을 동시에 말하는 이유가 여기에 있다.

'행복한 성공'은 맞춤형 세상살이라고 표현할 수 있다. 행복감을 느끼고 이를 계속 유지하게 하는 성공의 내용은 사람마다 다르다. 부와 명예를 얻는 데서 행복을 느끼는 사람이 있는가 하면 관심과 사랑을 얻는 데서 행복을 느끼는 사람도 있다. 또 같은 부를 성공 목표로 삼더라도 10억 벌기가 목표인 사람도 있고, 가족 부양을 위한 최소한의 생활비 벌기가 목표인 사람도 있다. 게다가 목표를 향해 가는 과정에서 건져 올리는 행복의 양과 질에서도 개인차가 나타난다. 따라서 행복한 성공은 '주관적'이며 '개인적'일 수밖에 없다. 그렇기 때문에 행복한 성공은 다른 사람이 아니라 '나' 스스로 디자인 해야 한다. 누가 뭐라 그러건 말건, 남의 눈에 어떻게 띄건 내게 어울리는 방식을 찾아 내가 원하는 대로 행복하게 성공하며 살아가면 만사 오케이다. '행복한 성공'은 맞춤형일 수밖에 없다.

맞춤형 세상살이에는 비교와 경쟁이 필요 없다. 저마다 자기상황에 맞게 행복한 성공을 디자인 하며 살아가는데 이 사람과 저 사람을 비교하는 것 자체가 무의미하다. 연봉 1억을 버는 저 사람이 가족 생활비를 빠듯하게 버는 나보다 더 행복하다는 보장이 어디 있겠는가? 물론 돈이야 많은 편이 좋겠지만 그게 자동적으로 행복의 수준을 결정하지는 않는다. 그런데도 원래 비교가 불가능한 것을 비교하면서 처참한 느낌으로 살아간다면 참으로 딱한 일이다. 거기다 경쟁심까

몇 년 전 TV에서 "일등이 아니면 아무도 기억하지 않습니다."
라는 광고를 들으며 섬뜩한 느낌을 받은 적이 있다.
그 이유는 일등을 강조하는 광고 멘트 자체에도 있지만,
이 광고 멘트가 귀에 거슬리지 않을 정도로
우리 사회의 가치관이 일등주의에 깊게 사로잡혀 있다는 사실에 있다.

 여덟 운전사도 행복한 성공을 할 수 있다

지 끌어들여 피곤하게 자신의 인생을 마구 몰아가는 사람들을 보면 불쌍하기 짝이 없다. 삶이 경쟁이 아닌 것처럼 행복도 경쟁거리가 아니다. 혹시 '누가 더 행복하게 성공하며 잘 사나'를 두고 경쟁한다면 모를까.

이참에 우리 사회에 널리 퍼져 있는 일등주의에 대해 한마디 하고 넘어가자. 몇 년 전 TV에서 "일등이 아니면 아무도 기억하지 않습니다."라는 광고를 들으며 섬뜩한 느낌을 받은 적이 있다. 그 이유는 일등을 강조하는 광고 멘트 자체에도 있지만, 이 광고 멘트가 귀에 거슬리지 않을 정도로 우리 사회의 가치관이 일등주의에 깊게 사로잡혀 있다는 사실에 있다. 이게 왜 문제인지 세 갈래로 나누어 생각해 보자.

첫째, 모두가 일등을 향해서 달려가야 한다는 메시지다.

어느 분야에나 일등은 꼭 있고 광고 멘트처럼 이등은 오래 기억되지 않는다. 사람들에게 오래 기억되는 뿌듯한 성취감을 느끼려면 반드시 일등을 해야 한다. 그런데 일등은 오직 한 사람뿐이다. 그러니 일등을 하기 위해선 다른 사람들과 경쟁을 해야 하는데 이 과정에서 갈등과 다툼이 일어날 수밖에 없다. 한 학급에 있는 학생 30명 모두가 어떻게든 일등을 하려고 덤빌 때 발생할 수 있는 부작용을 생각해 보라.

둘째, 이등부터 꼴찌는 일등을 위해 존재한다는 메시지다.

이런 말을 노골적으로 하지는 않았지만 그 광고는 사람들에게 이런 생각을 강력하게 부추기고 있다. 오직 일등만이 가치 있다는 말을 뒤집으면 이등부터 꼴찌는 가치가 없다는 말과 바로 통한다. 결국 이등부터 꼴찌는 모두 일등을 위해 살아 있는 꼴이다. 일등 한 사람을 위해 때로는 한 명(형제 또는 자매처럼 경쟁하는 사람이 두 사람뿐일 때), 때로는 수천만 명의 삶이 들러리 인생으로 전락한다는 사실에 몸서리가 처지지 않는가?

셋째, 행복은 일등이 독차지하는 전리품이라는 메시지다.

이 광고 멘트는 일등이 아니면 행복할 자격이 없다는 가치관을 담고 있기도 하다. 사람의 일생은 관계 속에서 태어나 관계 속에서 살다가 관계를 떠난다고 말할 수 있을 정도로 관계 중심적이다. 관계 속에서 기억된다는 사실은 그 사람의 삶과 행복을 결정하는 핵심요소다. 그러니까 사람들이 기억조차 하지 않는 이등부터 꼴찌는 아예 행복할 자격도 없는 사람들이다. 때문에 우리는 모두 죽을 둥 살 둥 일등을 하기 위해 온 몸과 마음을 바치며 살아가야 한다. 우리 시대의 성공 신화는 바로 이렇게 모두를 불행하게 하는 이데올로기에 바탕을 두고 있다.

필자는 돈 많은 재벌에 대해 반감을 가지고 있지 않다. 일등에 대해서도 마찬가지다. 다만, 재벌과 일등이 행복하게 살기를 간절히 바랄 따름이다. 또 운전사라는 직업에 대해서 특별한 감정이 있는 것도 아니요, 오로지 그들이 행복하기를 바랄 따름이다. 누구나 자신의 행복을 위해 얼마든지 직업을 바꿀 수 있다. '한 번 해병은 영원한 해병'이라지만 한때 운전사를 했다고 해서 영원히 운전사를 하라는 법은 없다. 직업은 자신의 상황과 처지, 욕구와 소망에 맞게 선택하면 된다. 그리고 그 직업에 종사하면서 행복하게 살아가면 그만이다.

성공을 위해 모두가 자기 직업을 버리고 재벌이 되는 길로 나설 필요는 없다. 모든 재벌이 다 행복하지도 않고 모든 운전사가 다 불행하지도 않다. 행복을 지키면서 자신이 종사하는 직업에 만족하는 삶이 더 중요하다. 직업의 귀천에 대한 세상 사람들의 판단 기준에 신경 쓰지 말고, 자신이 선택한 직업 세계에서 나름대로 성공 목표를 세워 그 목표를 향해 한 걸음씩 행복한 걸음으로 다가가면 족하다. 직업에 상관없이, 하는 일에 상관없이 행복하게 성공하는 사람, 그가 가장 복된 사람이다.

이제 성공하자. 그냥 성공이 아니라 행복한 성공을 하자. 성공을 향해 달려가는 지금 이 순간이 행복한, 그런 삶에 성공하자. 돈? 벌고 싶은 대로 벌자. 명예? 얻고 싶은 대로 얻자. 권력? 갖고 싶은 대로 갖자. 사랑? 빠지고 싶은 대로 빠지자. 공부? 하고 싶은 대로 하자. 단, 이를 향해 나아가는 지금 나의 삶이 행복해야 한다. 내가 제대로 살고 있다는 기분 좋은 느낌, 큰 성공으로 이어지는 작은 성공을 성취하는 즐거운 느낌이 끊임없이 이어져야 한다. 때로 이 과정이 인내와 절제를 요구하고 고난과 역경에 빠지게 할 수도 있지만, 마음 깊은 곳에서 제 길을 가고 있다는 행복감은 사라지지 않아야 한다. 만일 이 기분 좋은 느낌이 사라진다면, 성공을 향하는 지금 내 마음이 기쁘고 즐겁지 않다면, 또는 마음속 깊은 곳에서 무언가 다른 소리가 계속 들린다면, 가던 길을 멈추고 자신을 돌아보라. 그리고 자신이 설정한 성공 목표를 꼼꼼하게 살피고 삶의 방식을 수정하라. 이런 기분, 이런 느낌을 무시한 채 눈 감고 달려가다가는 머지않아 후회할 날이

성공 목표를 세워 그 목표를 향해 한 걸음씩 행복한 걸음으로
다가가면 족하다. 직업에 상관없이, 하는 일에 상관없이
행복하게 성공하는 사람, 그가 가장 복된 사람이다.

 여덟 운전사도 행복한 성공을 할 수 있다

온다. 한때 잘나가다 망가지는 사람들 모두가 그렇게 살아온 사람들이다.

행복한 성공은 구호가 아니라 실제다. 지금 당장 자신의 삶이 행복한지 스스로에게 물어보라. '예'라고 대답할 수 있는가? 그렇다면 당신은 행복한 성공을 하고 있는 셈이다. '아니다'라는 대답이 나오는가? 그렇다면 인생을 다시 새롭게 설계하라. 지금 누리지 못하는 행복은 앞으로도 누리기 어렵다. '앞으로 성공하면 행복해질 거야'라는 말은 별로 믿을 게 못 된다. 행복은 저절로 찾아오지 않는다. 오로지 맞아들일 줄 아는 사람에게만 찾아온다. 그러므로 지금 이 순간, 행복을 맞아들여 누리는 사람이 되라. 성공의 양 날개가 당신을 도와 행복의 나라로 안내할 것이다.

자, 이제 때가 되었다. 우리 모두 행복한 삶을 향해 성공의 양 날개를 펼치며 힘차게 비상하자.

지은이 박성희

서울대학교 교육학과에서 학사, 석사, 박사 학위를 취득하였다. 한국행동과학연구소 상담실 책임연구원, 미국 위스콘신 대학교 상담학과와 캐나다 브리티시 콜롬비아 대학교 상담학과에서 객원교수를 지냈으며, 현재 청주교육대학교 교수로 재직 중이다.

저서로는 〈동양상담학 시리즈 11권〉, 〈상담학 연구방법론〉, 〈공감학: 어제와 오늘〉, 〈상담과 상담학 시리즈 3권〉 등의 전문서적과 상담지식을 대중화한 〈황희처럼 듣고 서희처럼 말하라〉, 〈동화로 열어가는 상담이야기〉, 〈꾸중을 꾸중답게 칭찬을 칭찬답게〉, 〈담임이 이끌어가는 학급 상담〉 등이 있다.

저자는 지금까지 했던 작업의 초점이 상담학의 학문적 기초를 다지는 것이었다면, 앞으로는 한국상담학의 원형을 찾아 현대화하는 일과 상담지식을 대중화하는 일에 더 많은 힘을 모을 생각이라고 한다. 현재 초등학교 교사들과 함께 진행 중인 '초등학교 현장에서 필요한 상담지식'을 정리하는 작업도 계속할 예정이다. 저자는 상담지식을 통해 온 세상 사람들을 행복하게 하는 일에 신의 축복이 있기를 바라는 마음으로, 꾸준히 상담의 대중화를 위해 노력하고 있다.

마시멜로 이야기에
열광하는 불행한 영혼들을 위하여

2008년 1월 25일 1판 1쇄 인쇄
2008년 1월 30일 1판 1쇄 발행

지은이 | 박성희
펴낸이 | 김진환
펴낸곳 | (주)학지사 · INNER BOOKS

121-837 서울시 마포구 서교동 352-29 마인드월드빌딩 5층
대표전화_ 02-326-1500   팩스_ 02-324-2345
등 록 | 2006년 11월 13일 제313-2006-000238호
홈페이지 | www.innerbooks.co.kr

ISBN 978-89-92654-01-2 03180

가격 9,000원

- 잘못 만들어진 책은 구입처에서 바꾸어 드립니다.
- 저자와의 협약으로 인지는 생략합니다.

※ 이너북스는 학지사의 자매회사입니다.